princípios de economia

micro e macro

EDITORA
intersaberes

O selo DIALÓGICA da Editora InterSaberes faz referência às publicações que privilegiam uma linguagem na qual o autor dialoga com o leitor por meio de recursos textuais e visuais, o que torna o conteúdo muito mais dinâmico. São livros que criam um ambiente de interação com o leitor – seu universo cultural, social e de elaboração de conhecimentos –, possibilitando um real processo de interlocução para que a comunicação se efetive.

Flávio Ribas Tebchirani

Princípios de economia
micro e macro

EDITORA intersaberes

Rua Clara Vendramin, 58 . Mossunguê
CEP 81200-170 . Curitiba . PR . Brasil
Fone: (41) 2106-4170
www.intersaberes.com
editora@editoraintersaberes.com.br

Conselho editorial
> Dr. Ivo José Both (presidente)
> Drª Elena Godoy
> Dr. Nelson Luís Dias
> Dr. Neri dos Santos
> Dr. Ulf Gregor Baranow

editora-chefe > Lindsay Azambuja

Supervisora editorial > Ariadne Nunes Wenger

analista editorial > Ariel Martins

preparação de originais > Raphael Moroz e André Pinheiro

Capa > Denis Kaio Tanaami

projeto gráfico > Raphael Bernadelli

diagramação > Jhonny Isac

iconografia > Danielle Scholtz

Dados Internacionais de Catalogação na Publicação
(CIP) (Câmara Brasileira do Livro, SP, Brasil)

Tebchirani, Flávio Ribas
  Princípios de economia: micro e macro/Flávio Ribas Tebchirani. Curitiba: InterSaberes, 2012.

  Bibliografia.
  ISBN 978-85-8212-157-3

1. Economia I. Título

12-07932   CDD-330

Índices para catálogo sistemático:
1. Economia 330

1ª edição, 2012.
Foi feito o depósito legal.

Informamos que é de inteira responsabilidade do autor a emissão de conceitos.

Nenhuma parte desta publicação poderá ser reproduzida por qualquer meio ou forma sem a prévia autorização da Editora InterSaberes.

A violação dos direitos autorais é crime estabelecido na Lei n. 9.610/1998 e punido pelo art. 184 do Código Penal.

EDITORA AFILIADA

Sumário

apresentação 6

Como aproveitar ao máximo este livro 8

introdução 10

1 fundamentos da ciência econômica 12

2 formação de preços e equilíbrio de mercado 34

3 decisões de produção 54

4 estruturas de mercado 68

5 teoria e política macroeconômica 80

6 determinação da renda e do emprego 98

7 mercado financeiro e política monetária 118

8 comércio internacional e câmbio 136

9 desenvolvimento econômico e economia brasileira 158

para concluir... 179

referências 180

respostas 186

Sobre o autor 207

apresentação

O principal objetivo deste livro é descrever, de forma simples e direta, o modo capitalista de produção, analisando como consumidores, empresas, trabalhadores e outros participantes das atividades econômicas tomam decisões. Além disso, pretendemos aprimorar o entendimento de algumas condições econômicas agregadas, explicando como são determinados a renda e o emprego, além de explicitar a importância da taxa de juros, da taxa de câmbio e do comércio internacional.

Para tratar tais assuntos com objetividade, estruturamos este livro em nove capítulos, sendo que os capítulos dois, três e quatro tratam de temas microeconômicos, e os capítulos cinco a nove, de macroeconomia.

No capítulo um, trazemos uma introdução apresentando conceitos gerais e destacando aspectos como os princípios ligados à economia e os diferentes formatos de organização econômica, social e política à disposição da sociedade. Além disso, traçamos um breve retrospecto da evolução da ciência econômica e de seus fundamentos ideológicos.

No capítulo dois, discutimos como o comportamento individual de firmas e consumidores determina o funcionamento dos mercados e a formação dos diferentes preços, questão fundamental para compreendermos o mecanismo de funcionamento de uma economia de mercado.

No capítulo três, exploramos questões como as receitas e os custos das firmas e a maximização do lucro em mercados competitivos – altamente concorrenciais –, nos quais as empresas não têm capacidade de fixar os preços de seus produtos.

No capítulo quatro, abordamos as estruturas de mercado em que as empresas têm poder de monopólio, isto é, capacidade de influenciar preços.

Nos capítulos cinco, seis e sete, apresentamos questões conjunturais concernentes às decisões de política econômica, que, por sua vez, são relativas ao nível de produção e emprego e à busca da estabilidade dos preços, dois grandes objetivos de curto prazo na área da macroeconomia.

No capítulo oito, introduzimos o comércio internacional e as decisões de política cambial e comércio exterior – assuntos relevantes neste mundo cada vez mais integrado comercial e financeiramente.

Por fim, no capítulo nove, enfocamos questões estruturais ligadas ao crescimento da produção e à equidade, isto é, à melhoria na distribuição dos resultados, que, por sua vez, envolve fatores quantitativos e qualitativos na busca da elevação do padrão de vida do conjunto da sociedade.

Como aproveitar ao máximo este livro

Este livro traz alguns recursos que visam enriquecer o seu aprendizado, facilitar a compreensão dos conteúdos e tornar a leitura mais dinâmica. São ferramentas projetadas de acordo com a natureza dos temas que vamos examinar. Veja a seguir como esses recursos se encontram distribuídos no decorrer desta obra.

Logo na abertura do capítulo, você fica conhecendo os conteúdos que nele serão abordados. ▶▶

conteúdos do capítulo:
› O problema econômico fundamental;
› A metodologia da abordagem econômica;
› Princípios comportamentais em economia;
› Alternativas de organização dos sistemas econômicos;
› A evolução do pensamento econômico.

Você também é informado a respeito das competências que irá desenvolver e dos conhecimentos que irá adquirir com o estudo do capítulo. ▶▶

após o estudo deste capítulo, você será capaz de:
› compreender a estrutura do sistema econômico capitalista e as possíveis alternativas de ordenamento institucional;
› entender o papel dos agentes que compõem o sistema econômico;
› reconhecer o papel do governo na economia.

c) **Unidades produtoras ou firmas (empresas)** – Têm como objetivo a geração de lucros por meio da produção de bens e serviços, mediante a combinação de capital e trabalho, sob a coordenação de um empresário.
d) **Instituições** (políticas, jurídicas e socioeconômicas) – Indicam as "regras do jogo", sob as quais operam os agentes. O bom funcionamento do sistema depende da estabilidade e da solidez das instituições. Entre elas, destacamos a importância das instituições democráticas, como: parlamentos fortes e independentes; forças policiais eficientes; judiciário e imprensa independentes; sociedade civil organizada (associações, ONGs).

Nesta seção, o autor responde a dúvidas frequentes, relacionadas aos conteúdos do capítulo. ▶▶

Perguntas & Respostas

3. Quais os principais agentes de um sistema econômico capitalista?

Compõem o sistema de mercado (sistema capitalista): unidades familiares, consumidores de bens e serviços; firmas ou empresas, unidades que produzem bens e serviços combinando recursos e gerando renda (salários, lucros, juros e aluguéis); governo, cuja intervenção possibilita minimizar falhas de mercado (externalidades, informação assimétrica e poder de monopólio) e reduzir instabilidade por meio da gestão da política econômica.

Os sistemas econômicos podem ser classificados da seguinte forma:

mecanismos pelos quais possa aumentar ou diminuir sistematicamente o nível de emprego a longo prazo. Devido a essa vertente, os indivíduos e as firmas otimizariam seus recursos. Dessa forma, os mercados sempre entrariam em equilíbrio, pois os fundamentos microeconômicos (comportamento dos agentes individuais) representam a base da teoria macroeconômica.

Síntese

Embora a teoria econômica represente um corpo de conhecimento único, cujo objetivo é descrever o funcionamento das relações de produção e de consumo, vimos que ela está sujeita a diferentes ideologias. Sendo assim, os conceitos iniciais tratados neste capítulo serão úteis para o aprofundamento das discussões contidas nos capítulos subsequentes.

«« *Você dispõe, ao final do capítulo, de uma síntese que traz os principais conceitos nele abordados.*

Estudo de caso

Com base nas informações adquiridas a respeito das várias escolas de pensamento econômico, reflita sobre a situação hipotética a seguir, procurando relacionar a posição dos vários personagens às proposições dos grandes economistas e pensadores.

Caso Austral

A República de Austral encontra-se em grave situação econômica. A inflação atinge patamares alarmantes e as contas das operações internacionais geram previsões sombrias. Além disso, as reservas de moedas estrangeiras tornaram-se escassas, o que pode inviabilizar a continuidade das importações

«« *Esta seção traz ao seu conhecimento situações que vão aproximar os conteúdos estudados de sua prática profissional.*

---

anual de R$ 30.000,00 após a dedução de todos os custos e impostos incidentes. **Já que o projeto é lucrativo, o presidente deve aprovar o novo investimento? Será que ele precisa de informações adicionais? Em caso positivo, de que informações adicionais ele necessita?**

Questões para reflexão

1. Relacione o comportamento de redes de hipermercados que adquirem firmas menores diante do conceito de longo prazo.

2. Você considera que fusões de bancos (Itaú e Unibanco; Santander e Real, por exemplo) possibilitam rendimentos crescentes de escala?

3. Você acha que uma firma que opera em mercado competitivo tem a possibilidade de obter lucros extraordinários de forma permanente?

«« *Nesta seção, a proposta é levá-lo a refletir criticamente sobre alguns assuntos e trocar ideias e experiências com seus pares.*

Questões para revisão

4. Qual a diferença entre os conceitos de lucro contábil, econômico, normal e extraordinário?

5. Que importância você atribui ao controle dos custos?

6. Qual a possibilidade de lucros extraordinários em um mercado perfeitamente competitivo (concorrência perfeita)?

7. Que relação você pode estabelecer entre firmas maiores e rendimentos crescentes de escala?

«« *Com estas atividades, você tem a possibilidade de rever os principais conceitos analisados. Ao final do livro, o autor disponibiliza as respostas às questões, para você verificar como está sua aprendizagem.*

introdução

É bastante comum encontrarmos, na literatura especializada, a ciência econômica dividida em dois grandes ramos que estão fortemente relacioandos: **macroeconomia** e **microeconomia**. Nos meios de comunicação, podemos ver vários temas ligados à primeira vertente: inflação, desemprego, taxa de câmbio, crescimento da produção, entre outros. Já a microeconomia, mesmo tratando de questões relevantes, como decisões de compra e produção, quanto cobrar por determinado produto, ou mesmo a seleção da estratégia que deve ser adotada para incrementar as vendas, atrai muito menos a atenção.

Essas temáticas estão presentes em nosso cotidiano, pois estamos, constantemente, diante de situações que envolvem problemas econômicos relativos à operação dos mercados, ao nível de emprego ou à função do governo. Pretendemos, portanto, ajudar a responder essas questões de modo reflexivo.

Além disso, esperamos combinar a intuição natural do leitor com argumentos lógicos sistematizados, aperfeiçoando seu espírito crítico e contribuindo para a composição de um arsenal de recursos, fazendo com que seja capaz de discutir assuntos econômicos do dia a dia.

Boa leitura!

1 fundamentos da ciência econômica

conteúdos do capítulo:

› O problema econômico fundamental;
› A metodologia da abordagem econômica;
› Princípios comportamentais em economia;
› Alternativas de organização dos sistemas econômicos;
› A evolução do pensamento econômico.

após o estudo deste capítulo,
você será capaz de:

1. compreender a estrutura do sistema econômico capitalista e as possíveis alternativas de ordenamento institucional;

2. entender o papel dos agentes que compõem o sistema econômico;

3. reconhecer o papel do governo na economia.

1.1 introdução ao estudo da ciência econômica

A economia é uma ciência social, pois estuda o homem em sociedade, principalmente quando este atua na atividade produtiva.

Dessa maneira, o problema econômico fundamental é a **escassez de recursos físicos** (energia, máquinas, ferramentas, meios de comunicação, prédios, instalações etc.) e de **trabalho** humano (principalmente mão de obra qualificada). Essa limitação, por sua vez, defronta-se com necessidades humanas infinitas, continuamente modificadas por inovações tecnológicas e pelo desejo geral de melhoria do padrão de vida.

De acordo com Vasconcellos (2002), a investigação científica da economia utiliza **argumentos positivos** e **normativos**, de modo a explicar e a prever fenômenos por meio de modelos logicamente consistentes, que representam uma realidade simplificada, eliminando detalhes irrelevantes.

Argumentos normativos são subjetivos, isto é, contêm juízo de valor. Expressam a opinião do analista com base em seus valores e em sua percepção da realidade e indicam, preponderantemente, como o sistema deveria funcionar e não como ele verdadeiramente funciona.

Argumentos positivos procuram escolher instrumentos adequados para atingir determinado objetivo (como diminuir a concentração de renda), avaliando aspectos positivos e negativos das medidas adotadas (políticas de renda mínima, por exemplo).

Embora a **teoria econômica**[1] (positiva) esteja subordinada à determinada ideologia (uma certa maneira de pensar e de encarar a realidade), está sujeita ao rigor do método científico (sistematização e comprovação empírica). Por outro lado, posições normativas representam a opinião de quem as formula, independentemente do necessário rigor científico.

[1] Considerada um conjunto de leis comprovadas pela evidência empírica, a teoria econômica é um agrupamento de ideias sobre a realidade, concebida de forma abstrata e com caráter ideológico, isto é, leva em conta um determinado entendimento de como as coisas são e como se comportam.

Nesse contexto, vale ressaltar que a análise puramente numérica dos fenômenos econômicos não deve isolar as complexas relações sociais sobre as quais repousa a teoria. Tampouco podem ser desconsiderados aspectos políticos, históricos, geográficos e culturais específicos.

Conforme Mankiw (2001), embora o estudo da economia tenha múltiplos aspectos, algumas ideias centrais aparecem de forma recorrente, representadas, aqui, pelos seguintes **princípios econômicos**:

A economia é uma ciência social, pois estuda o homem em sociedade, principalmente quando este atua na atividade produtiva.

a) **Pessoas enfrentam *trade-offs*** – Resultado da escassez de recursos, um *trade-off* (a inevitabilidade das escolhas) reproduz o ditado popular de que "nada é de graça". Diariamente, deparamo-nos com inúmeros desses casos, por exemplo, por meio dos seguintes questionamentos: **Como devemos utilizar o tempo, nosso recurso mais valioso? Estudando, passeando ou vendo TV? Onde devemos aplicar nosso salário? Comprando roupas ou investindo na poupança para adquirir um automóvel no final de ano?**

b) **Existem custos ocultos** (custos de oportunidade) – Tomar decisões exige a comparação de custos e benefícios dos vários cursos de ação. Para avaliar corretamente a situação, precisamos estar cientes da existência de custos implícitos (ocultos). A realização de um curso superior significa não só o pagamento de mensalidades e as despesas com livros e outros materiais, mas também abrir mão de uma renda que poderíamos obter se nos dedicássemos a outra atividade produtiva durante o tempo das aulas e do estudo (custo de oportunidade).

Por isso, as melhores decisões exigem o conhecimento de todos os custos envolvidos, explícitos ou não. No processo produtivo, o resultado da combinação dos recursos depende de sua quantidade e qualidade, bem como da tecnologia utilizada. Considerando, de forma simplificada, que existem apenas dois bens – computadores e automóveis –, podemos visualizar a situação em uma **curva de transformação** e seus respectivos **custos de oportunidade**.

Gráfico 1.1 – Possibilidades de produção

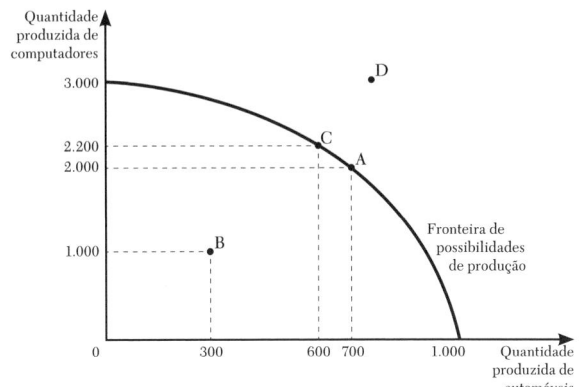

Os pontos na curva de possibilidades de produção (**C**, **A**) representam situações de **eficiência** (aumento na produção de um produto implica a redução da produção do outro produto). Os pontos internos (**B**) são **ineficientes**, e os pontos externos (**D**), atingíveis apenas se houver **crescimento**, o que exige mais investimentos, inovações tecnológicas ou recursos adicionais.

ou seja,

Automóveis e computadores constituem alternativas de produção, isto é, são dois bens que representam infinitas possibilidades produtivas. A curva de transformação mostra a combinação da quantidade desses bens, e representa, de forma abstrata, o custo de oportunidade de cada um, pois o aumento da produção de computadores necessariamente exige a redução da produção de automóveis, o que deriva da primordial escassez de recursos (capital, trabalho etc.). Como não dispomos de toda renda que gostaríamos, isto é, não podemos adquirir todos os bens que desejamos, a escolha de algo necessariamente implica em abandonar outra possibilidade. Por exemplo: o aumento dos investimentos em educação obriga o governo a reduzir seus gastos em saúde ou na manutenção das estradas.

c) **Pessoas respondem a incentivos** – Quando, por exemplo, o preço da uva aumenta, as pessoas tendem a comer outras frutas em razão de seu alto custo. Ao mesmo tempo, produtores de uva decidem contratar mais pessoas e aumentar a área destinada à produção desse alimento, pois o benefício para a sua venda aumentou. Como veremos adiante, o efeito do preço sobre o comportamento de consumidores e produtores é uma das questões centrais em uma economia capitalista de mercado.

A alocação de recursos escassos de modo a obter o maior proveito possível revela-se, geralmente, na seguinte análise marginal: **benefício líquido = benefício total – custo total, na tomada de decisão.**

Na situação do Quadro 1.1, quantas fábricas devem ser construídas?

Quadro 1.1 – Receita e custo

Fábricas	Receita total	Custo total
1	R$ 10.000,00	R$ 5.000,00
2	R$ 18.000,00	R$ 12.000,00
3	R$ 24.000,00	R$ 20.000,00

ou seja,

A análise marginal (custo-benefício) revela que a Fábrica 3 exige custo incremental de R$ 8.000,00 e receita incremental de R$ 6.000,00, tendo, portanto, benefício líquido negativo (R$ 2.000,00). A Fábrica 2 possibilita benefício líquido positivo (R$ 1.000,00), com receita incremental de R$ 8.000,00 e custo incremental de R$ 7.000,00.

Nesse caso, devem ser construídas duas fábricas, situação em que o resultado líquido (receita total – custo total) é de R$ 6.000,00. Com três fábricas, o resultado seria menor (R$ 4.000,00).

d) **Mercados são, em geral, uma forma eficiente de organizar a economia** – Predominam hoje, mundialmente, as economias cujas decisões são descentralizadas (característica das economias capitalistas de mercado), em que milhões de consumidores e de empresas interagem com base em interesses próprios, orientados pelos preços. As economias dos países comunistas, que operavam fundamentadas em decisões centralmente planificadas, entraram em colapso, representando uma importante mudança nas últimas décadas a nível mundial.

e) **Governos, em certas circunstâncias, podem melhorar os resultados do mercado** – Existem situações em que a intervenção governamental na economia promove melhoria da eficiência (o melhor uso dos recursos) e da equidade (distribuição dos resultados). Conhecidas como falhas de mercado, essas situações envolvem externalidades[2] e, também, o poder 'de mercado[3] exercido por empresas no sentido de influir indevidamente nos preços. Outra forma de intervenção é a utilização de instrumentos, por meio da política econômica governamental, para estabilizar a economia (evitar oscilações excessivas na produção ou no nível de emprego, por exemplo).

2 Um exemplo pode ser o impacto de ações de determinadas empresas sobre a sociedade na forma de poluição, causada por processos industriais.

3 É a capacidade de firmas, em regime de oligopólios/monopólios, aumentarem unilateralmente preços (ou reduzirem quantidade) e diminuírem a qualidade ou a variedade de bens/serviços com o objetivo de maximizar resultados.

Esses instrumentos podem ser: (1) medidas de ordem fiscal (aumentos/reduções de tributos ou dos gastos governamentais) ou (2) medidas de natureza monetária (aumento/redução do crédito e da taxa de juros), por exemplo.

perguntas & respostas

1. Qual o palpel dos preços em uma economia de mercado (capitalista)?

Nas economias de mercado (capitalistas), o sistema de preços permite a coordenação das principais decisões, já que não há possibilidade de atender plenamente as infinitas necessidades humanas. As escolhas dos consumidores são delimitadas pela renda individual e pela disposição de pagar pelos bens e serviços, enquanto as firmas se pautam pela busca de maiores lucros. Objetiva-se, principalmente, a eficiência produtiva.

2. Qual o papel do governo em uma economia social de mercado?

Nas economias sociais de mercado, a atuação mais ampla do governo e o uso intensivo da política econômica buscam conciliar a eficiência produtiva das economias capitalistas com uma melhor distribuição da renda e justiça social, bem como com a redução das instabilidades da produção e do emprego.

1.2 sistemas econômicos

Um sistema econômico pode ser considerado o formato da sociedade em aspectos político, jurídico e socioeconômico, por meio do qual se busca atingir o objetivo de melhoria do bem-estar. De acordo com Vasconcellos e Garcia (2004), os **elementos básicos** que compõem esse sistema são:

a) **Fatores de produção** – É o conjunto de recursos produtivos, representados por máquinas, equipamentos, ferramentas, terra cultivável, energia e mão de obra, aqui agrupados em duas categorias genéricas: **capital** e **trabalho**.

b) **Unidades consumidoras ou famílias** – São detentoras de rendimento e têm como objetivo fundamental maximizar seu bem-estar por meio do consumo de bens e serviços. Bens são tangíveis e podem ser classificados em **bens de consumo** (satisfazem diretamente necessidades humanas), **bens de capital** (são utilizados para produzir outros bens) e **bens intermediários** (matérias-primas e outros itens que necessitam de beneficiamento para se tornarem bens de consumo ou de capital). Serviços são **intangíveis**, isto é, não têm expressão material.

c) **Unidades produtoras ou firmas (empresas)** – Têm como objetivo a geração de lucros por meio da produção de bens e serviços, mediante a combinação de capital e trabalho, sob a coordenação de um empresário.

d) **Instituições** (políticas, jurídicas e socioeconômicas) – Indicam as "regras do jogo", sob as quais operam os agentes. O bom funcionamento do sistema depende da estabilidade e da solidez das instituições. Entre elas, destacamos a importância das instituições democráticas, como: parlamentos fortes e independentes; forças policiais eficientes; judiciário e imprensa independentes; sociedade civil organizada (associações, ONGs).

perguntas & respostas

3. Quais os principais agentes de um sistema econômico capitalista?

Compõem o sistema de mercado (sistema capitalista): unidades familiares, consumidores de bens e serviços; firmas ou empresas, unidades que produzem bens e serviços combinado recursos e gerando renda (salários, lucros, juros e aluguéis); governo, cuja intervenção possibilita minimizar falhas de mercado (externalidades, informação assimétrica e poder de monopólio) e reduzir instabilidade por meio da gestão da política econômica.

Os sistemas econômicos podem ser classificados da seguinte forma:

Figura 1.1 – Sistemas econômicos

Sistemas econômicos

Economias centralmente planificadas	Sistemas mistos	Economias de mercado
(socialistas): nelas, as decisões econômicas fundamentais são resolvidas por órgãos centrais de planejamento, predominando a propriedade pública dos meios de produção.	(economia social de mercado): predominam regras de mercado com atuação mais intensa do setor público para melhorar a distribuição da renda, promover a equidade e reduzir as instabilidades no nível de produção e emprego por meio da utilização ativa da política econômica.	(capitalistas): predominam a livre iniciativa e a propriedade privada dos fatores de produção. Além disso, nesse tipo de sistema, as decisões econômicas são descentralizadas, baseadas no sistema de preços.

1.3 evolução do pensamento econômico

A aurora do sistema capitalista se dá com a acumulação de capital, que ocorre a partir do século XVI devido aos seguintes fatores: a descoberta de ouro e prata na América, a conquista e o saque das Índias Orientais e a transformação da África em fonte de mão de obra escrava.

Apresentamos, na sequência, as principais correntes do pensamento econômico originadas a partir dessa época, conforme aponta Fusfeld (2001):

Fase pré-científica (até 1750) – Enquanto na Antiguidade o pensamento econômico estava subordinado à filosofia, à política, à moral cristã e aos usos e costumes (normas consuetudinárias), nessa fase, as novas ideias mercantilistas voltam-se para o nacionalismo e a autossuficiência. Adotando uma visão estática do mundo, esse conjunto de práticas levou as nações a um permanente estado de guerra, com estrita regulamentação da atividade produtiva. A acumulação de reservas em metais preciosos é, aqui, o objetivo principal, razão da busca permanente de superávits comerciais.

Fase científica (1750 a 1870) – Inicialmente, os antimercantilistas, denominados **fisiocratas**, utilizavam técnicas quantitativas com base na ideia da eficácia do mercado, que, por sua vez, se igualaria ao movimento "natural" do universo, isento de políticas (componente não eliminável da condição humana). Dessa ideia, derivou, sob o ponto de vista desses fisiocratas, a necessidade de um "tirano esclarecido", ou seja, um soberano que serviria como "intermediário para que as leis da natureza fossem cumpridas" (Vasconcellos; Garcia, 2004,

p. 16). Posteriormente, um conjunto científico sistematizado, que passou a ser conhecido como **escola clássica**, deslocou o campo de reflexão da economia da esfera de circulação das mercadorias para a esfera da produção. Contrapondo-se às ideias mercantilistas, essa instituição estabeleceu que a riqueza se origina no aumento da produtividade, decorrente da divisão do trabalho e da especialização. Já o **valor**, sinônimo de riqueza, resulta do trabalho humano, o que determina uma inovação no estudo da economia política: o valor dos bens passa a ser estabelecido nas relações dos homens. Esse movimento era baseado na livre iniciativa, na busca individual do lucro e na necessidade de ampliar os mercados. Seus principais representantes são: Adam Smith[4] (1723-1790), David Ricardo (1772-1823), John Stuart Mill (1806-1873), Thomas Malthus (1766-1834) e Jean Baptiste Say (1768-1832).

Marxismo – É indiscutível a relevância, como teórico, de Karl Marx (1818-1883) no capitalismo, diante do grande alcance das questões por ele abordadas. Opondo-se aos clássicos, esse teórico desenvolveu novos conceitos, como o da **mais-valia** (apropriação do excedente econômico pelo capitalista) e o do exército de reserva industrial (o crescimento do número de trabalhadores e da oferta de trabalho deprecia o valor do salário), antevendo o colapso do sistema capitalista resultante da concentração crescente do capital, do aumento do desemprego e do declínio na taxa de lucro.

Contrariamente ao ideal clássico, em que o equilíbrio é resultado das forças de mercado, o marxismo entende a sociedade como palco de conflitos. Utilizando um argumento moral, Marx acreditava que as injustiças inerentes ao capitalismo

---

4 Sua obra *A riqueza das nações*, de 1776, é considerada a base da moderna teoria econômica como conjunto sistematizado.

gerariam condições sociais e econômicas que não poderiam ser sustentadas. Por meio de fundamentos sociológicos, ele propôs que o conflito de classes, no qual, de um lado, haveria um número decrescente de capitalistas cada vez mais ricos e, de outro, uma crescente classe trabalhadora miserável, iria determinar uma **revolução social**. Além disso, a acumulação de capital em mãos privadas ocasionaria crises de desemprego crônico e o colapso econômico do capitalismo. Dessa forma, a ótica do conflito é representada, segundo a visão desse autor, pelas seguintes dicotomias: ideal e realidade, capital e trabalho, crescimento e estagnação. Além disso, ele pregava que, dos conflitos, surgiriam transformações que dariam lugar a uma sociedade mais ética e harmoniosa. O processo dialético marxista é, portanto, a conquista de transformações por meio de conflitos.

Escola neoclássica – Revisitando os clássicos, essa abordagem teórica dos princípios econômicos básicos considera a nova realidade, que conta com os seguintes fatores: concentração econômica com forte tendência monopolística, interferência estatal, crescimento real dos salários, fortalecimento dos sindicatos e notável prosperidade das economias ocidentais, além de, contrariamente às pessimistas previsões dos clássicos, notável prosperidade das economias ocidentais. Ademais, a introdução de novos conceitos teóricos e de refinado instrumental quantitativo alterou, de forma significativa, a teoria econômica: nessa fase, o **homem econômico**, que é racional e calculador, empenha-se na maximização de sua satisfação.

Escola keynesiana – John Maynard Keynes (1883-1946), considerado o fundador da macroeconomia, mostrou que as economias capitalistas não tinham a capacidade de promover

> 5 Fase de notável queda da produção e aumento do desemprego, que começou em 1929 e prolongou-se até a Segunda Guerra Mundial, atingindo os principais países capitalistas (Stiglitz; Walsh, 2003, p. 96).

> 6 Essa lei determina que "A oferta cria sua própria procura" (Vasconcellos, 2002, p 197). Expressa a filosofia do liberalismo econômico, segundo a qual o mercado, sem intervenção do Estado, conduz ao pleno emprego.

automaticamente o pleno emprego, abrindo caminho, assim, para o uso da política econômica. Esse processo desenvolveu-se contrariamente à proposta neoclássica, segundo a qual a ação governamental deveria limitar-se à produção dos chamados *bens públicos* (segurança, saúde e educação). A **teoria geral do emprego, do juro e da moeda**, de Keynes, é considerada o marco divisor da macroeconomia, propondo um novo esquema teórico para explicar a Grande Depressão dos anos 1930[5] – cataclísmico acontecimento histórico que horrorizou o mundo pelos seus efeitos econômicos e políticos, quando a teoria neoclássica não conseguia mais explicar a situação.

Na teoria keynesiana, quem determina o nível de produção são o **conjunto das despesas de consumo**, o **nível de investimentos privados** e os gastos **do governo**, além das **exportações líquidas** (exportações *menos* importações). A teoria abre caminho para a coordenação governamental no sentido de estimular a demanda (efetiva) e, assim, conduzir a economia ao pleno emprego, contrariando os clássicos (Lei de Say[6]), para quem o sistema capitalista levaria a economia ao equilíbrio – com pleno emprego – de forma automática.

Atualidade – Hoje, é possível identificar novas abordagens, por exemplo:

> **Monetarismo** (Milton Friedman, 1958) – A contrarrevolução de Friedman propõe que a instabilidade dos preços (inflação) é um fenômeno monetário, exigindo o controle efetivo do estoque de moeda. Ele argumenta que a economia de mercado é autorregulatória e estabelece que uma oferta monetária estável é o verdadeiro segredo da estabilidade macroeconômica. Além

disso, Friedman prega que, a longo prazo, os níveis de produto e de emprego dependem das condições de produtividade e da disponibilidade dos fatores de produção.

> **Novos clássicos**[7] (Robert Lucas, 1995) – Adotando uma postura ainda mais ortodoxa, a nova macroeconomia clássica introduz a hipótese das **expectativas racionais**, segundo a qual os agentes percebem adequadamente o contexto, eliminando erros sistemáticos. Dessa maneira, o governo não possui mecanismos pelos quais possa aumentar ou diminuir sistematicamente o nível de emprego a longo prazo. Devido a essa vertente, os indivíduos e as firmas otimizariam seus recursos. Dessa forma, os mercados sempre entrariam em equilíbrio, pois os fundamentos microeconômicos (comportamento dos agentes individuais) representam a base da teoria macroeconômica.

[7] Trata-se da denominação utilizada para determinadas correntes de pensamento. Os novos clássicos representam a versão moderna da tradição do *laissez faire*, de Adam Smith. As prescrições novo-clássicas estabelecem que tentativas do governo de reduzir o desemprego poderiam disparar movimentos de aceleração da inflação (Fusfeld, 2001).

síntese

Embora a teoria econômica represente um corpo de conhecimento único, cujo objetivo é descrever o funcionamento das relações de produção e de consumo, vimos que ela está sujeita a diferentes ideologias. Sendo assim, os conceitos iniciais tratados neste capítulo serão úteis para o aprofundamento das discussões contidas nos capítulos subsequentes.

estudo de caso

Com base nas informações adquiridas a respeito das várias escolas de pensamento econômico, reflita sobre a situação hipotética a seguir, procurando relacionar a posição dos vários personagens às proposições dos grandes economistas e pensadores.

Caso Austral

A República de Austral encontra-se em grave situação econômica. A inflação atinge patamares alarmantes e as contas das operações internacionais geram previsões sombrias. Além disso, as reservas de moedas estrangeiras tornaram-se escassas, o que pode inviabilizar a continuidade das importações de petróleo, matérias-primas e alimentos essenciais. O presidente Carlos Oviedo convocou, então, uma reunião urgente no Supremo Conselho da República para decidir as medidas a serem imediatamente implantadas, em virtude de a população pressionar o governo e exigir providências, o que trouxe grande instabilidade ao quadro político. Essa instabilidade, por sua vez, praticamente fechou o acesso do país ao crédito externo.

Reuniram-se todos os membros do conselho. O presidente abriu os trabalhos e, em seguida, passou a palavra ao ministro das Forças Armadas, general Ernesto Figueiredo, que assim se manifestou:

> "Senhor presidente e senhores membros do conselho: seguramente, nossos problemas têm origem nas perdas internacionais que estamos sofrendo. A espoliação internacional empobrece o país. Proponho doravante estrita regulamentação de nossas transações externas, deixando a cargo da Empresa Nacional de Comércio Exterior o planejamento e a execução de nossas exportações e importações, sendo que essas devem se referir somente a matérias-primas essenciais, de forma a maximizar nossas reservas cambiais, seguramente, a maior riqueza nacional".

A seguir, o presidente pediu a opinião do ministro do Planejamento, Leon Trosky, que se manifestou da seguinte forma:

› "Senhores, com todo o respeito que é devido à opinião do general Figueiredo, proponho que façamos um avanço institucional. Considero que apenas a centralização das operações externas não resolverá nossos problemas. Precisamos, isto sim, planificar de forma centralizada todas as decisões da área econômica, decidindo o nível e a direção dos investimentos, direcionando ao governo a concessão de crédito e, às empresas estatais, o maior número possível de setores. Nosso país vive grave crise social, com uma enorme concentração de renda, fato que debilita nosso mercado interno e causa estagnação. Vemos grande exploração dos trabalhadores, cujos ínfimos proventos não permitem uma vida digna, situação essa que caracteriza conflito de classes e que, certamente, desembocará, mais cedo ou mais tarde, em uma transformação profunda de nosso sistema".

Pedindo um aparte, o ministro da Economia, Gustavo Campos – recém-chegado do exterior, onde fora negociar a dívida externa de Austral – emitiu o seu parecer:

› "Discordo, senhores. Nosso país representa uma parcela insignificante das transações internacionais; nossas empresas são atrasadas tecnologicamente, e seus custos, muito elevados. Proponho que façamos reformas estruturais no sentido de abolir todas as barreiras do comércio exterior, promovendo choque de competição. Confio na racionalidade de nossos empresários no sentido de encontrarem a vocação econômica do país. Certamente, estabeleceremos o equilíbrio em uma economia especializada, moderna, aberta ao exterior, na qual o preço será a variável principal. Proponho, finalmente, que, ao governo, retornem apenas as clássicas e históricas funções: educação, saúde e segurança. Dessa forma, deixaremos ao mercado as decisões sobre a mais eficiente alocação dos recursos. Lembro, ainda, que é vital o rigoroso controle da moeda, do crédito e dos juros pelo Banco Central, cujas metas monetárias deverão ser estabelecidas dentro de critérios absolutamente técnicos".

Prosseguindo, o presidente chamou o presidente do Banco Central, Furtado Neto, que assim declarou:

> "Prezados colegas. Concordo, em parte, com o ministro Campos. Todavia, considero que os problemas mais graves são o alto nível de desemprego e a ociosidade de muitas de nossas indústrias. Por isso, proponho que o governo intensifique seus investimentos na infraestrutura do país, ocasionando reflexos multiplicadores em nível de produção, reduzindo a pressão sobre os preços e estimulando a produção exportável, o que, certamente, solucionará definitivamente os crônicos problemas de desequilíbrio externo que sempre enfrentamos. Outra medida é utilizar a redução dos tributos como fator de estímulo aos negócios. Além disso, sabemos que a dinâmica competitiva da indústria moderna está ligada ao processo de geração e difusão de inovações. Assim, nossa política industrial deve criar estímulos ao setor privado para investimentos em pesquisa e desenvolvimento, sob pena de ficarmos irremediavelmente atrasados neste mundo, que se transforma rápida e profundamente".

Após esse pronunciamento, o presidente de Austral suspendeu a reunião por 30 minutos para análise e deliberação final.

Devemos notar que as diferentes propostas derivam de concepções diversas, resultantes da ideologia de cada participante e expressas em argumentos normativos conflitantes.

questões para reflexão

1. Relacione o equacionamento do problema econômico fundamental (escassez de recursos) com o sistema de preços vigente nas economias de mercado (capitalistas) e com a alternativa de planejamento centralizado.

2. Como você considera ser possível conciliar a livre iniciativa e a busca do lucro empresarial com as necessidades ambientais e a preservação da concorrência?

questões para revisão

1. O problema econômico fundamental é:

   a) a pobreza.

   b) o controle da produção.

   c) a escassez de recursos.

   d) o governo.

   e) a corrupção.

2. Assinale a afirmativa verdadeira:

   a) Os mercados possibilitam a organização da sociedade com equidade, pois o nível de bem-estar depende dos salários arbitrados pelo governo.

   b) Economias centralmente planificadas operam mais eficientemente devido à racionalidade das principais decisões.

   c) Fatores de produção (trabalho e capital), firmas, consumidores, governo e instituições (jurídicas, políticas e socioeconômicas) constituem os principais elementos de um sistema econômico de mercado.

d) Em uma economia de mercado, a racionalidade de firmas e de consumidores é suficiente para dispensar a existência de sólidas instituições, que são necessárias em economias centralmente planificadas.

e) O poder de mercado de grandes firmas, que possibilita influenciar de forma significativa os preços, pode ser eliminado pela concorrência capitalista.

3. A produção, a distribuição e o consumo de bens e serviços utilizados pelas pessoas na busca de melhores padrões de bem-estar dependem de decisões no âmbito do sistema econômico adotado. Uma economia capitalista, organizada nos moldes do mercado, fundamenta as decisões econômicas com base nas seguintes características:

a) Pessoas autointeressadas e firmas maximizadoras de lucro que interagem em mercados concorrenciais.

b) Lucros e direitos de propriedade, que representam incentivos para a produção.

c) Restrições orçamentárias e temporais, definindo oportunidades e mostrando *trade-offs*, isto é, a inevitabilidade das escolhas.

d) Alternativamente ao racionamento, adoção do sistema de preços para coordenar decisões de consumo e de produção.

e) Todas as alternativas anteriores estão corretas.

2 formação de preços e equilíbrio de mercado

conteúdos do capítulo:

> O funcionamento dos mercados;
> O comportamento dos agentes: firmas e consumidores;
> O processo de formação dos preços e o equilíbrio de mercado;
> A sensibilidade da demanda às variações de preço e renda.

após o estudo deste capítulo, você será capaz de:

1. compreender a lei da oferta e da demanda;
2. entender o comportamento do consumidor diante dos preços dos produtos e de sua renda;
3. relacionar fatores que afetam decisões de produção e de consumo.

2.1 formação de preços

O processo de formação dos preços representa o capítulo da microeconomia que analisa **mercados individuais** (mercados de um único produto). A análise desse processo retrata aspectos comportamentais de consumidores e de firmas. Segundo Vasconcellos (2002), a formação de preços está fundamentada nos seguintes pressupostos básicos:

> o valor dos bens é subjetivo (**valor utilidade**), baseado em preferências dos consumidores, que, por sua vez, representam o grau de satisfação por eles atribuídos aos bens e serviços;

> a utilidade total tende a aumentar, isto é, os consumidores preferem sempre consumir mais;

> embora diversas variáveis interfiram no processo, considera-se o efeito "puro" ou "líquido" de cada variável isoladamente sobre a demanda e a oferta (*coeteris paribus*[1]).

1 Expressão latina que significa "tudo o mais constante". Como diversas variáveis interferem nos modelos econômicos, considera-se o efeito daquela que está sendo estudada, permanecendo constantes as demais. Isso torna a análise mais operacional.

Quadro 2.1 – Algumas aplicações da teoria microeconômica

Empresas	Política de preços
	Previsões de custos, faturamento e demanda
	Elaboração e avaliação de projetos
	Política de propaganda e publicidade
	Diferenciação de mercados
	Decisões ótimas de produção

(continua)

(Quadro 2.1 – conclusão)

Política econômica	Efeitos de impostos sobre mercados específicos	2 **Truste** é a estrutura empresarial em que várias empresas, que já detêm a maior parte de um mercado, se ajustam ou se fundem para assegurar o controle, estabelecendo preços altos para obter maior margem de lucro (Houaiss; Villar, 2009, p. 1888). As leis antitruste têm como finalidade punir essas práticas.
	Política de subsídios	
	Fixação de preços mínimos	
	Controle de preços e salários	
	Política de tarifas públicas	
	Política de preços públicos	
	Leis antitruste[2]	

2.2 demanda

Demanda (procura) é a quantidade de determinado bem/serviço que o consumidor deseja adquirir em determinado período, o que depende, principalmente:

> do preço do bem/serviço;
> do preço de outros bens/serviços;
> da renda do consumidor;
> do gosto/preferência do consumidor;
> de fatores sazonais;
> da disponibilidade de crédito e do cenário econômico.

2.2.1 lei geral da demanda

Conforme indicado no Quadro 2.2 e no Gráfico 2.1, o comportamento dos consumidores revela-se inversamente relacionado, no que diz respeito às quantidades demandadas e o preço de um bem (*coeteris paribus*), considerando-se que permanecem inalterados os demais fatores determinantes do preço.

Quadro 2.2 – Demanda do produto X

Alternativas de preço	Quantidades demandadas
R$ 3,00	9.000
R$ 6,00	6.000
R$ 8,00	4.000
R$ 10,00	2.000

Gráfico 2.1 – Demanda do produto X

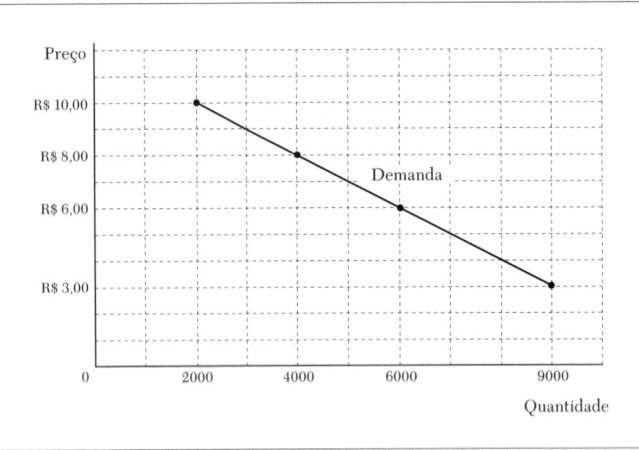

ou seja,

A curva presente no gráfico, que representa a demanda do consumidor por um bem/serviço, é de inclinação **descendente** (declividade negativa), indicando que, a preços mais baixos, o indivíduo demanda mais da mercadoria.

Tal comportamento é condicionado pelas seguintes condições:

a) **Efeito-substituição** – À medida que o preço de uma mercadoria reduz, os consumidores passam a usá-la em substituição a mercadorias similares, cujos preços não foram alterados.

b) **Efeito-renda** – Uma redução no preço de determinada mercadoria aumenta o poder aquisitivo (a renda real dos consumidores), e isso lhes permite comprar mais unidades desse mesmo produto. Além de um estímulo ao consumo, o declínio do preço permite também o acesso ao mercado considerado de pessoas com menor poder aquisitivo.

c) **Lei da utilidade marginal decrescente** – Um indivíduo busca (demanda) determinado produto pela satisfação ou utilidade que ele oferece. Quanto mais unidades de uma mercadoria um indivíduo consumir por unidade de tempo, maior será a **utilidade total**. Embora esta aumente, a **utilidade marginal** (extra), resultante do consumo de cada unidade adicional, diminui por saturação.

perguntas & respostas

1. **Que razões explicam o fato da curva de demanda (normal) estar inclinada para baixo (inclinação negativa)?**

A curva da demanda tem inclinação descendentes (negativa) porque representa o comportamento do consumidor, que, a preços mais baixos, demanda maior quantidade do bem, Tal consumidor é explicado pelo efeito de substituição, pelo efeito de-renda e pela utilidade marginal decrescente.

2.2.2 deslocando a curva de demanda

Enquanto mudanças nos preços provocam alterações nas quantidades demandadas, resultando em deslocamentos **ao longo da curva da demanda**, outros fatores, como mudanças na renda dos consumidores ou em preços de bens substitutos ou correlatos, alterações de preferências, expectativas etc. (como podemos verificar no Gráfico 2.2), provocam **deslocamentos da curva da demanda**.

Gráfico 2.2 – Deslocamentos da curva da demanda

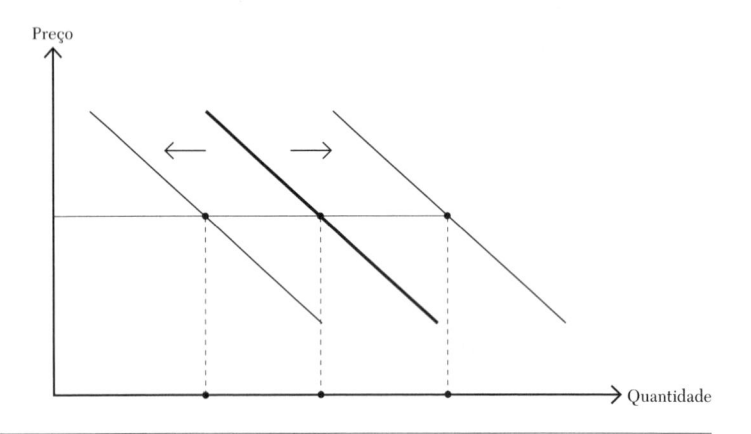

ou seja,

Deslocamentos da curva da demanda para a direita indicam aumentos da demanda. Como podemos observar, ao mesmo preço (indicado no eixo vertical), a nova curva da demanda indica maior quantidade. Por outro lado, deslocamentos para a esquerda indicam redução da demanda. Ao mesmo preço, a quantidade diminuiu.

perguntas & respostas

2. Por que os consumidores reagiriam fortemente a uma eventual elevação no preço de determinada marca de biscoitos e, ao mesmo tempo, seriam poucos afetados por mudanças no preço do sal de cozinha?

Existe grande disponibilidade de bens substitutos no caso de biscoitos, o que determina alta sensibilidade às variações dos preços de uma determinada marca (alta elasticidade-preço da demanda). Por outro lado, embora o sal de cozinha seja um bem essencial, o seu peso no orçamento do consumidor é relativamente baixo, fazendo com que as variações do seu preço não determinem alterações relativamente altas nas quantidades demandadas.

2.3 oferta

Oferta é a quantidade de um bem/serviço que os produtores desejam vender em certo período de tempo, sendo determinada principalmente pelos seguintes fatores:
> preço do bem/serviço;
> preço dos fatores de produção (insumos);
> tecnologia empregada;
> preço dos demais bens;
> número de produtores.

2.3.1 curva da oferta

De acordo com a lei da oferta, quanto mais alto o preço (poderoso incentivo para as firmas), maior a quantidade ofertada. Preços mais elevados possibilitam a expansão da produção, havendo, nesse caso, a necessidade de contratação de trabalhadores adicionais, pagamento de horas extras e investimento na expansão das fábricas. Além disso, a indústria – conjunto de firmas do mesmo ramo – também pode atrair novos participantes.

Quadro 2.3 – Oferta do produto X

Alternativas de preço	Quantidades ofertadas
3	3.000
6	6.000
8	8.000
10	10.000

Gráfico 2.3 – Oferta do produto X

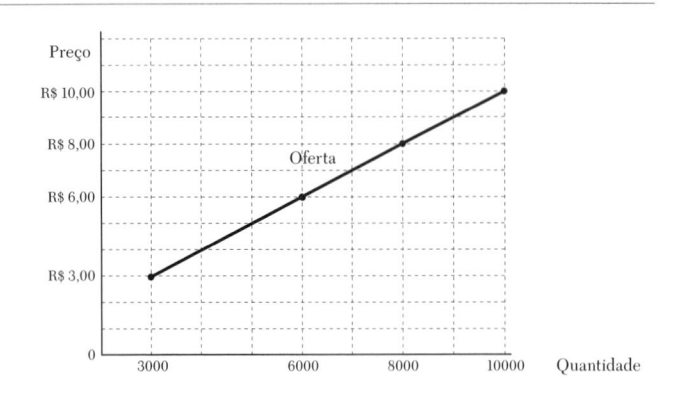

2.3.2 deslocando a curva da oferta

Modificações na oferta de qualquer bem ou serviço deslocam a curva para a direita ou esquerda, e a cada preço, uma quantidade maior ou menor é ofertada. A oferta também pode sofrer deslocamento em casos de redução ou aumento no preço dos insumos de uma inovação tecnológica que reduza os custos de produção, ou quando há aumento ou redução do número de produtores e mudanças nas expectativas.

Gráfico 2.4 – Deslocamentos da curva de oferta

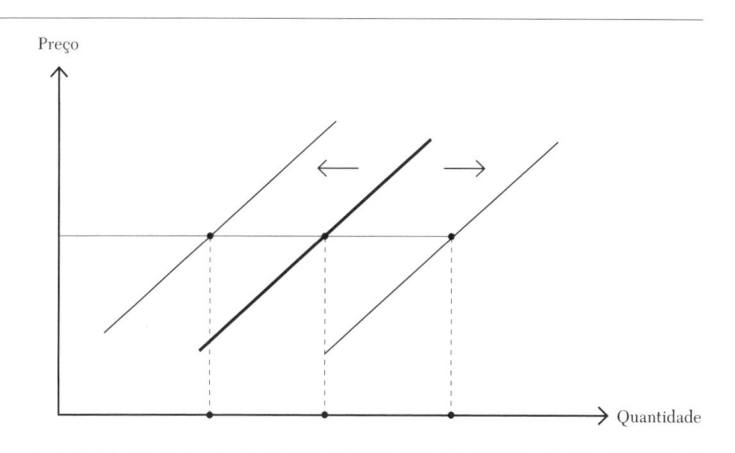

2.4 equilíbrio de mercado

Nessa situação, a quantidade demandada iguala-se tanto à quantidade ofertada quanto ao preço de equilíbrio, isto é, não há sobra nem falta do produto: o mercado encontra-se "limpo".

Isso significa que não há sobras nem escassez do produto ao preço de equilíbrio. Dessa forma, vendedores e compradores não têm motivo para mudar seu comportamento.

Quando os preços estão **abaixo** do equilíbrio, há excesso de demanda, o que determina escassez. Com preços **acima** do equilíbrio, há excesso de oferta, resultando na formação de estoques indesejados.

> É importante citar que o sistema de preços atua como um mecanismo de racionamento e coordenação. A competição entre firmas e consumidores gera um equilíbrio natural e estacionário, sem escassez e sem estoques não desejados.

Preço abaixo do equilíbrio (R$ 3,00, mostrado no Quadro 2.4) gera pressão ascendente, pois, nesse caso, as quantidades demandadas superam as quantias produzidas e ofertadas. Além disso, a escassez resultante força os preços para cima, até que, ao preço de R$ 6,00, quantidades ofertadas e demandadas igualam-se, estabilizando o mercado através do preço de equilíbrio.

Preços acima do equilíbrio (R$ 8,00 e R$ 10,00 no Quadro 2.4) geram pressões descendentes, pois as quantidades produzidas e ofertadas superam as quantidades demandadas, e as sobras resultantes forçam os preços para baixo, já que as firmas precisam se desfazer de estoques indesejáveis.

É importante citar que o sistema de preços atua como um mecanismo de racionamento e de coordenação. A competição entre firmas e consumidores gera um equilíbrio natural e estacionário, sem escassez e sem estoques não desejados.

Quadro 2.4 – Equilíbrio de mercado do produto X

Alternativas de preço	Quantidades ofertadas	Quantidades demandadas
R$ 3,00	3.000	9.000
R$ 6,00	6.000	6.000
R$ 8,00	8.000	4.000
R$ 10,00	10.000	2.000

Gráfico 2.5 – Equilíbrio de mercado do produto X

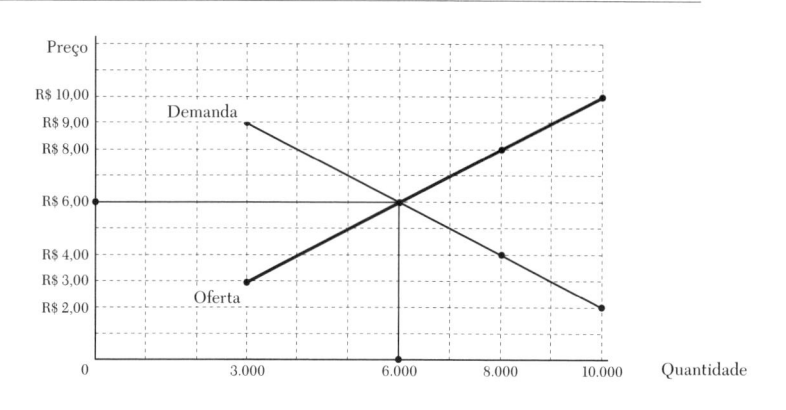

ou seja,

No gráfico, a quantidade de 6.000 nivela o mercado (demanda e oferta estão igualadas naquela quantidade). Portanto, o mercado está limpo: consumidores e firmas produtoras estão "satisfeitos", adquirindo/vendendo 6.000 unidades ao preço de R$6,00.

perguntas & respostas

3. O que podemos entender por equilíbrio de mercado?

O equilíbrio de mercado representa a tendência natural de preços e quantidades atingirem determinado nível, satisfatório tanto para os consumidores quanto para as firmas produtoras do bem. Na ausência de interferências governamentais ou de companhias com poder de monopólio, capazes de afetar essas condições, a situação é constantemente harmonizada pelo sistema de preços em equilíbrio dinâmico e permanentemente ajustada.

2.5 interferências do governo no mercado

Em algumas situações estratégicas, o governo interfere no mecanismo de mercado e no sistema de preços, seja fixando impostos para financiar as atividades governamentais, seja estabelecendo preços mínimos para dar proteção aos produtores agrícolas ou decretando o valor do salário mínimo. Nesse contexto, o sistema de preços é eliminado quando o governo decreta tabelamentos e congelamentos, o que geralmente determina a escassez do produto cujo valor foi fixado abaixo do preço de equilíbrio.

2.6 elasticidade

Bens e serviços apresentam sensibilidade específica às variações de preços e da renda, que são medidas pela **elasticidade**, um mecanismo útil para a determinação de políticas e de estratégias empresariais ou de política econômica.

2.6.1 elasticidade-preço da demanda (EPD)

A EPD mede a sensibilidade da demanda em relação às mudanças de preços, sendo influenciada pelos seguintes fatores:
> disponibilidade de bens substitutos;
> essencialidade;
> peso no orçamento do consumidor;
> horizonte temporal[3].

3 Ao longo do tempo, as pessoas adaptam-se às modificações do ambiente. Elevações importantes nos preços determinam, portanto, mudanças comportamentais e a criação de alternativas.

$$EPD = \frac{\text{variação percentual na quantidade demandada}}{\text{variação percentual no preço}}$$

Por exemplo: se, em dada situação, o preço de determinado bem aumentar 10%, causando redução de 15% na quantidade demandada, a EPD será igual a **-1,5** (15% / -10%).

Enquanto os bens **elásticos** têm EPD **maior** do que 1, em que a variação na demanda é maior que a variação no preço, os bens **inelásticos** têm EPD **menor** do que 1, em que a variação na demanda é menor que a variação no preço.

O conceito pode ser utilizado, por exemplo, tanto na avaliação da política tributária ou na estratégia empresarial como nas seguintes questões: **Qual o efeito na demanda de um dado imposto, que determina elevação no preço em 10%? Qual o efeito no faturamento de uma empresa (quantidades vendidas × preço) se o preço unitário for elevado em 5%?**

2.6.2 outras medidas de elasticidade

Elasticidade-renda da demanda (ERD)

> 4 Depois de formados, os estudantes deixam de fazer as refeições no "bandejão" (bem inferior), por exemplo.

Variações na renda determinam variações na demanda. Geralmente, aumentos de renda causam ampliação da demanda (para os bens chamados de **superiores** ou **de luxo**). Quando os aumentos de renda determinam a redução na demanda de um bem, esse é considerado um **bem inferior**[4].

$$ERD = \frac{\text{variação percentual na quantidade demandada}}{\text{variação percentual na renda}}$$

Elasticidade-preço da oferta (EPO)

Aqui, o resultado será sempre positivo, pois aumentos ou reduções de preço representam um incentivo para as firmas produzirem mais ou menos.

$$EPO = \frac{\text{variação percentual na quantidade ofertada}}{\text{variação percentual no preço}}$$

Elasticidade-preço cruzada (EPC)

A elasticidade-preço cruzada mede variações percentuais na quantidade demandada do produto **X**, relativamente a variações percentuais no preço do bem **Y**. Caso o preço desse bem aumente, e a quantidade demandada de **X** também, ambos podem se caracterizar como **bens substitutos** (como gasolina e álcool combustível, por exemplo). Se o preço de **Y** aumentar e a quantidade demandada de **X** diminuir, as mercadorias poderão ser consideradas **bens complementares** (como *CDs* e *CD players*, por exemplo).

$$EPC = \frac{\text{variação percentual na quantidade demandada de X}}{\text{variação percentual no preço de Y}}$$

síntese

Neste capítulo, verificamos de que forma o sistema capitalista, baseado em uma economia de mercado, encontra seu equilíbrio no comportamento dos agentes – consumidores e firmas. Vimos também que a eficiência do sistema pode ser prejudicada por falhas de mercado: externalidades (como lixo industrial, por exemplo), falhas de informação e poder de mercado, o que leva à necessidade de uma intervenção governamental por meio de instituições jurídicas.

estudo de caso

Discuta a formação de preços em uma economia de mercado com base na matéria de Zimmermann (2006) da *Folha Online*.

Crescimento da demanda por gás preocupa Petrobras

Depois do forte estímulo ao uso de gás natural no país, feito pelo próprio governo e por distribuidoras estaduais, sob o argumento de que se trata de um combustível mais barato e menos poluente, o governo e a Petrobras estão preocupados agora com o forte crescimento da demanda pelo produto.

Isso porque, segundo o presidente da Petrobras, José Sérgio Gabrielli, o crescimento do consumo nos últimos dois anos ficou próximo a 20% ao ano, enquanto o ritmo de ampliação da oferta está em 11% ao ano. "O crescimento de demanda em 20% ao ano não é possível continuar", disse Gabrielli.

Segundo as projeções da Petrobras, a demanda e a oferta de gás natural deverão coincidir em 99 milhões de metros cúbicos por dia em 2010.

Entretanto, Gabrielli avaliou que o ritmo de crescimento do consumo será alterado pelo próprio mercado, em razão dos preços praticados. Ele explicou que a alta do preço do gás natural importado da Bolívia não foi repassada pela Petrobras até setembro de 2005, por conta das características do contrato que a estatal tem com a Bolívia, em que se paga por um volume fixo independentemente do que for consumido.

"Vamos ter que ajustar o aumento da demanda", disse o presidente da estatal ao comentar que o mercado brasileiro começou a perceber o aumento dos preços do gás boliviano somente a partir de setembro de 2005, quando começaram os repasses. "Dificilmente conseguiremos sustentar o crescimento [da demanda] entre 15% e 20%", completou.

Entretanto, Gabrielli destacou que não há risco de falta do produto. Segundo ele, os contratos de comercialização do gás natural são de longo prazo, e os contratos existentes estão garantidos. Já os contratos futuros dependerão de uma avaliação da oferta.

Desde 1999, quando o gasoduto Bolívia-Brasil começou a operar, o preço do gás natural subiu cerca de 311%. Enquanto isso, a variação da cotação do petróleo ficou próxima de 270%.

O ministro de Minas e Energia, Silas Rondeau, explicou que nem sempre o preço do gás terá um preço muito abaixo dos demais combustíveis. Ele citou o exemplo de um taxista que paga hoje cerca de um terço do preço da gasolina: "isso nem sempre será assim". "Não se pode deformar o mercado em cima de preços que não são reais", disse o ministro, ao informar que os preços do produto serão "calibrados" como preços do mercado internacional.

Gabrielli afirmou que algumas empresas estaduais estão estimulando o consumo de gás natural, mas a opção pelo combustível deve ser feita com base em um cenário de preços reajustados trimestralmente com base em uma cesta de óleos, com cotação internacional.

Reajuste

Até o fim de junho, a Petrobras deverá fechar com a estatal boliviana, a YPFB, responsável pela comercialização do gás no país, mais uma negociação trimestral de preços. A expectativa de técnicos que acompanham a negociação é de que o aumento fique em torno de 10%. O último reajuste de preços, no início de março, foi de aproximadamente 8%. Gabrielli e Rondeau participaram hoje de audiência pública na Comissão de Relações Exteriores do Senado. Na audiência, eles também debateram a posição do governo e da Petrobras diante do decreto de nacionalização das reservas de gás e petróleo na Bolívia.

questões para reflexão

1. Por que políticas de regulamentação que impõem tabelamento dos preços, tornando-os mais baixos do que seus respectivos níveis de equilíbrio de mercado, ocasionam escassez?

2. De que forma a propaganda pode influir no comportamento dos consumidores?

3. Relacione o processo de abertura da economia brasileira (redução das barreiras às importações) com a evolução tecnológica e a melhoria da competitividade das indústrias nacionais.

questões para revisão

1. Utilize as curvas da oferta e da demanda para ilustrar de que forma cada um dos seguintes eventos afetaria o preço e a quantidade vendida e comprada da manteiga: a) aumento no preço da margarina; b) aumento no preço do leite; c) redução nos níveis de renda média.

2. Considere a seguinte situação hipotética: Se houvesse a necessidade de elevar o faturamento de uma empresa concessionária, o preço de uma viagem de ônibus deveria ser aumentado ou diminuído?

3. Digamos que a Companhia Municipal de Transporte pretende reajustar o preço da tarifa do ônibus urbano em 10%. Sabendo-se que a elasticidade-preço da demanda é de 0,62, qual a variação na demanda do transporte coletivo e na receita da companhia – que movimenta 100.000 passageiros/dia?

4. A colheita de milho prevista para a safra atual é 10% maior do que a anterior (100 mil toneladas), transacionada ao preço de equilíbrio de R$ 4,00. Sabendo-se que a elasticidade-preço da demanda é de 0,5, qual é o efeito disso sobre o preço e qual a variação na receita prevista?

3 decisões de produção

conteúdos do capítulo:

› A função da produção e os conceitos econômicos de curto e longo prazo;
› Rendimentos decrescentes e rendimentos de escala;
› Receita e custos das firmas;
› Resultado da firma em mercados competitivos.

após o estudo deste capítulo, você será capaz de:

1. analisar os componentes da receita e dos custos das firmas;
2. compreender a relação entre a produção e os vários conceitos de custos;
3. entender a noção de lucro econômico;
4. explicar o resultado das firmas que operam em mercados competitivos.

3.1 função de produção

<small>1 Produção é, aqui, entendida como processo de transformação de recursos (insumos) em bens e serviços destinados ao mercado (Vasconcellos; Garcia, 2004, p. 59).</small>

Neste momento de nosso estudo, voltamos a tratar da oferta, agora sob a ótica dos resultados da firma. A oferta depende da eficiência dos **métodos de produção**[1] escolhidos pelas firmas, que podem ser **intensivos em capital**, quando utilizam, relativamente, mais capital do que trabalho, ou **intensivos em trabalho**, quando acontece o contrário.

As decisões de produção de uma firma, levando em consideração as características do mercado consumidor, estão baseadas em uma **função de produção** – relação que indica a quantidade física de produto obtida por meio da combinação de fatores de produção, capital e trabalho em determinado período – respeitadas as restrições tecnológicas determinadas pela engenharia do processo (Vasconcellos; Garcia, 2004):

$$Q = f(K, T)$$

em que:

Q = quantidade física da produção

f = indica que Q depende da combinação dos recursos utilizados

K = dotação de capital

T = dotação de trabalho

3.1.1 curto e longo prazo

Diferentemente do conceito **contábil**, que considera o fator "tempo", a **teoria microeconômica** conceitua **curto prazo** como o período em que um dos fatores – capital ou trabalho – continua fixo, situação que pode permanecer por um ou, dois meses ou indefinidamente. Dessa forma, podemos considerar **curto prazo** o tempo em que uma firma mantém seus recursos de capital, como máquinas, equipamentos, área construída etc., inalterados, flexibilizando apenas a dotação de trabalho (mão de obra). **Longo prazo** refere-se, portanto, ao período em que a empresa está crescendo e ampliando a quantidade de trabalho, além de estar investindo mais em ativos fixos (O'Sullivan; Sheffrin, 2000).

3.1.2 princípio dos rendimentos decrescentes

Verificado geralmente em situações de curto prazo, em que, de acordo com Stiglitz e Walsh (2003, p. 110), um fator de produção é fixo, esse princípio sugere que, flexibilizando-se a dotação de trabalho e mantendo-se fixo o capital da firma, a produção aumenta a taxas crescentes até determinado ponto e, depois, passa a variar a **taxas decrescentes** (com acréscimos cada vez menores), podendo, após certo limite, diminuir.

> Diferentemente do conceito **contábil**, que considera o fator "tempo", a **teoria microeconômica** conceitua **curto prazo** como o período em que um dos fatores – capital ou trabalho – continua fixo, situação que pode permanecer por um ou dois meses ou indefinidamente.

perguntas & respostas

1. Por que os princípio dos rendimentos decrescentes não ocorre a longo prazo?

Rendimentos decrescentes ocorrem, geralmente, em situações em que um fator de produção (geralmente capital) é fixo, flexibilizando-se apenas a quantidade de trabalhadores. Nesse caso, a produção da firma aumenta a taxas crescentes e, a partir de certo tempo, passa a aumentar a taxas decrescentes, podendo até diminuir por saturação.

ou seja,

Retornos decrescentes significam que cada unidade adicional de trabalho gera um aumento de produto menor que a última. Por exemplo: a operação de uma máquina por um trabalhador (8 horas) gera a produção de 1.000 unidades. Aumentando-se a dotação de trabalho (2 trabalhadores), a produção aumenta para 1.400 unidades (taxa de incremento da produção = 40%). Com o aumento do fator trabalho para 3 profissionais, passarão a ser produzidas 1.700 unidades (21%, isto é, a relação de 300 para 1.400). Continuando com a elevação do número de trabalhadores, a taxa de aumento da produção decresce e pode tornar-se negativa, considerando a ineficiência de várias pessoas operando um único equipamento.

3.1.3 rendimentos de escala

O crescimento das firmas, na suposição de que ambos os fatores – capital e trabalho – são flexibilizados, origina o conceito de **economias de escala**. Na maioria dos casos, o crescimento de uma firma dá origem a rendimentos crescentes (economias) de escala em função: da maior especialização dos trabalhadores, o que gera maior produtividade; do acesso facilitado ao crédito; da posição mais fortalecida com os fornecedores e do uso de equipamentos indivisíveis, aqueles que não podem ser reduzidos para a produção de uma quantidade menor de produto[2].

2 Nesse caso, o aumento na utilização de fatores (recursos) em 10%, por exemplo, gera aumento da produção em 20%.

Em alguns casos, o aumento no nível de operações pode gerar rendimentos decrescentes (**deseconomias de escala**) em virtude de problemas administrativos de coordenação e/ou aumento no custo dos insumos (Vasconcellos; Garcia, 2004).

perguntas & respostas

2. O que são economias de escala e quais suas implicações para o custo médio?

Economias de escala são rendimentos crescentes de produção obtidos por firmas no longo prazo, quando são flexibilizados todos os insumos (capital e trabalho). Possibilitadas pela maior especialização de trabalhadores, por um maior poder de barganha com os fornecedores, por um acesso mais facilitado a crédito e pelo uso de equipamentos indivisíveis, ela geram reduções de custo médio e maior competitividade em grande parte das atividades.

3.1.4 custos de produção e lucro

O **lucro** representa o objetivo básico de uma firma. A otimização desse resultado dependerá de um dos seguintes objetivos:
› maximizar a produção para um dado nível de custos;
› minimizar o nível de custos para um dado nível de produção.

É importante enfatizar que os custos, sob o ponto de vista econômico, incluem custos de oportunidade ou custos ocultos (aqueles cuja assinatura de um cheque para o seu pagamento não é necessária). É o caso, por exemplo, de um rendimento alternativo, que pode ser obtido para o capital próprio

– aplicado na empresa – ou do aluguel de um imóvel próprio utilizado no negócio. Esses rendimentos são implícitos e não aparecem nos demonstrativos de resultado contábeis, que consideram apenas dispêndios monetários, isto é, fatos expressos em documentos (notas fiscais, recibos etc.).

São conceitos de custos:

a) **Custos totais** – Divididos em: **custos fixos** (CF), que independem do nível de produção – como aluguéis, salários e despesas de caráter administrativo –, e **custos variáveis** (CV), que são relacionados ao nível de produção – como compra de insumos, energia e comissões sobre vendas.

CT = CF + CV

b) **Custos médios** – Subdividem-se em:

> custos totais médios (custos totais divididos pela quantidade de produto):

CMe = CT / Q

> custos variáveis médios: **CVMe = CV / Q**
> custos fixos médios: **CFMe = CF / Q**

c) **Custo marginal** – Representa o custo extra gerado por uma unidade adicional de produção, que, por sua vez, não é linear, mas **crescente**[3]. Acréscimos de produção podem exigir horas extras de trabalho, aumento no custo da matéria-prima, necessidades de financiamento bancário, custo financeiro adicional e custos unitários crescentes.

$$CMg = \frac{\text{variação do custo total}}{\text{acréscimo de uma unidade de produção}}$$

3 A teoria da firma trabalha com custos crescentes no curto prazo, diferentemente da contabilidade, que considera custos lineares. Chega-se ao valor por meio do modelo CMg = variação do custo dividido pela variação das quantidades físicas produzidas.

d) **Receita e lucro** – A teoria microeconômica tradicional, também denominada **neoclássica**, estabelece como pressuposto básico que as firmas têm como objetivo maior maximizar lucros, sendo os lucros totais (LT) a diferença entre as receitas das vendas e os custos totais de produção (Vasconcellos; Garcia, 2004):

LT = RT – CT

A receita total (RT) da firma é dada pelo valor de suas vendas, que depende do preço praticado[4] (P) multiplicado pela quantidade vendida (Q):

RT = P × Q

Analise a situação do Quadro 3.1:

[4] Convém lembrar que o preço praticado nos mercados concorrenciais (concorrência perfeita) é definido pelo próprio mercado. A firma é incapaz de determinar o preço, dadas as características dessa estrutura de mercado.

Quadro 3.1 – Lucro contábil e lucro econômico

Resultado contábil			Resultado econômico		
Receita total		R$ 100,00	Receita total		R$ 100,00
Custos totais		R$ 80,00	Custos explícitos		R$ 80,00
Trabalho	R$ 15,00		Trabalho	R$ 15,00	
Materiais	R$ 60,00		Materiais	R$ 60,00	
Energia	R$ 5,00		Energia	R$ 5,00	
			Custo de oportunidade	R$ 20,00	R$ 20,00
Lucro contábil		R$ 20,00	Lucro econômico		0

O empresário aplicou capital próprio de R$ 100.000,00, que poderia render 20% ao período no mercado financeiro.

O lucro econômico igual a zero resultou do registro do custo de oportunidade[5] do capital próprio, igual ao rendimento alternativo, que poderia ter sido obtido em outra atividade (20% sobre o capital próprio de R$ 100.000,00).

[5] Custos de oportunidade são custos implícitos que não exigem desembolso monetário e representam retornos possíveis em aplicações alternativas (Vasconcellos; Garcia, 2004, p. 71).

3.1.5 mercados competitivos

Mercados competitivos (em concorrência perfeita) apresentam as seguintes **características**, segundo Vasconcellos (2002):

a) **Mercado atomizado** – Existência de um grande número de firmas, todas relativamente pequenas ante o mercado total e, por isso, incapazes de influenciar o preço. Elas, nesse caso, são tomadoras de valores, isto é, aceitam os preços que são estabelecidos no conjunto do mercado.

b) **Produto homogêneo** – Nesse caso, não existe diferenciação. Ele é similar aos produtos produzidos por todas as outras firmas.

c) **Transparência** – As informações relevantes (preço, qualidade, condições contratuais etc.) são conhecidas por todos os participantes de determinado mercado. Por exemplo, vendedores e compradores de soja conhecem perfeitamente o preço praticado, o volume de produção e as expectativas do mercado internacional.

d) **Ausência de barreiras à entrada** – O ramo não exige volume de capital elevado, a tecnologia utilizada está disponível e não há dificuldades no acesso a insumos.

perguntas & respostas

3. **Por que uma firma em mercado competitivo (concorrência perfeita) é tomadora de preço?**

Operando em mercado atomizado (competindo com muitas firmas); produzindo bens homogêneos (sem diferenciação) demandados por consumidores bem informados; não exigindo elevados volumes de capital e, tampouco, tecnologia sofisticada, firmas nessas condições são incapazes de influenciar o preço do bem produzido. São pequenas perante o mercado global e, assim, tomadoras de preço.

3.1.6 lucro econômico normal

Uma firma, operando nas condições mencionadas, tende a apresentar **lucro econômico normal**, isto é, que equilibra receitas e despesas depois que todos os custos econômicos estão pagos (inclusive retorno financeiro sobre capital próprio, aluguéis sobre imóveis próprios etc.).

Trata-se da situação de lucro econômico igual a zero, retratada no Quadro 3.1. Isso não significa que a firma competitiva não seja lucrativa, e sim que o retorno obtido sobre os investimentos nos mercados perfeitamente competitivos é igual ao retorno médio do mercado em outras aplicações alternativas.

Já os lucros extraordinários, também chamados de *retornos superiores*, atraem novos participantes, pois não há barreira à entrada. Novos participantes, por sua vez, ampliam a oferta, reduzindo o preço e trazendo o resultado ao nível do lucro normal (Pinho; Vasconcellos, 2005).

síntese

Neste capítulo, aprofundamos a discussão relativa às decisões de produção por parte das firmas. As hipóteses e os argumentos apresentados pretendem reforçar a ideia de que um cuidadoso acompanhamento dos custos é de vital importância na busca do principal objetivo das firmas: o lucro. Verificamos também que, em mercados altamente competitivos, os resultados tendem a convergir para uma taxa média de lucro (o lucro normal), razão pela qual a busca por lucros extraordinários remete a outras possibilidades de estruturação do mercado.

estudo de caso

Considere a seguinte situação:

O presidente de uma firma foi consultado pelo diretor industrial sobre a possibilidade de implementar um novo projeto que exige investimentos adicionais de R$ 1.000.000,00. Com a realização de um levantamento minucioso das receitas e das despesas anuais previstas, foi estimado um lucro líquido anual de R$ 30.000,00 após a dedução de todos os custos e impostos incidentes. **Já que o projeto é lucrativo, o presidente deve aprovar o novo investimento? Será que ele precisa de informações adicionais? Em caso positivo, de que informações adicionais ele necessita?**

questões para reflexão

1. Relacione o comportamento de redes de hipermercados que adquirem firmas menores diante do conceito de longo prazo.

2. Você considera que fusões de bancos (Itaú e Unibanco; Santander e Real, por exemplo) possibilitam rendimentos crescentes de escala?

3. Você acha que uma firma que opera em mercado competitivo tem a possibilidade de obter lucros extraordinários de forma permanente?

questões para revisão

1. Qual a diferença entre os conceitos de lucro contábil, econômico, normal e extraordinário?

2. Que importância você atribui ao controle dos custos?

3. Qual a possibilidade de lucros extraordinários em um mercado perfeitamente competitivo (concorrência perfeita)?

4. Que relação você pode estabelecer entre firmas maiores e rendimentos crescentes de escala?

5. Exercícios práticos[6]:

    a) O preço de mercado para climatizar residências de 400 m² é de R$ 10.000,00. A Cia. Bom Ar tem custos fixos de R$ 4.000,00 (aluguel, administração e publicidade), sendo que os custos variáveis por residência (equipamentos, tubulação e mão de obra) têm o seguinte padrão:

[6] Os exercícios aqui propostos foram adaptados de Stiglitz e Walsh, 2003.

Quantidade de casas (Q)	2	3	4	5	6	7	8	9	10
Custo variável (Em R$ 1.000)	26	32	36	42	51	60	72	86	102

Preencha a tabela abaixo (em R$ 1.000,00) e verifique o comportamento dos custos e os níveis de produção em que a firma apresenta lucro.

Q	P	CF	CV	CT	CVMe	CMe	CMg	Receita	Resultado
2	10								
3	10								
4	10								
5	10								
6	10								
7	10								
8	10								
9	10								
10	10								

b) Em decorrência de um programa de demissões voluntárias, um competente eletricista da empresa fornecedora de energia local – cujo salário anual é de R$ 50.000,00 – está pensando em montar sua própria empresa. O levantamento de custos e receitas anuais estimados acusou os seguintes resultados:

Receita prevista	R$ 75.000,00
Custos fixos e variáveis:	
Pró-labore	R$ 20.000,00
Aluguel de espaço	R$ 12.000,00
Aluguel de equipamentos	R$ 18.000,00
Serviços diversos	R$ 2.000,00
Outros gastos	R$ 5.000,00

Embora a retirada a título de pró-labore pareça baixa, os lucros ficarão disponíveis. Do ponto de vista econômico, os custos são reais? Qual o lucro econômico esperado?

4
estruturas de mercado

conteúdos do capítulo:

> Estruturas clássicas de mercado;
> Fontes do monopólio;
> Oligopólios e poder de mercado;
> Diferenciação de produtos e concorrência monopolística;
> Estruturas do mercado de fatores.

após o estudo deste capítulo, você será capaz de:

1. analisar as diferentes estruturas de mercado;
2. entender a ligação entre o poder de mercado e a possibilidade de obter lucros extraordinários;
3. refletir sobre a obtenção de lucros extraordinários como incentivo à inovação;
4. entender a aplicação da legislação sobre defesa da concorrência.

4.1 estruturas clássicas básicas

> 1 Sistema de precificação em que o preço é calculado como uma porcentagem sobre os custos variáveis. O *mark-up* é definido como: *mark-up* = receita de vendas − custo variável médio, equivalente ao conceito de margem de contribuição. A dedução dos custos variáveis da receita das vendas permite determinar o valor que sobra, para cobertura dos custos fixos (Vasconcellos, 2002, p. 172).

O grau de concorrência entre firmas apresenta um efeito considerável sobre suas decisões e seu comportamento. Na busca pela maximização dos resultados, estruturas de mercado menos competitivas – isto é, aquelas que não correspondem às condições da concorrência perfeita – permitem maior controle sobre os preços. O objetivo é maximizar o *mark-up*[1]:

$$m = RT / CV$$

em que:

m = taxa de *mark-up*

RT = receita total (RT)

CV = custos variáveis

Nesse caso, o preço cobrado pela firma é calculado da seguinte forma:

$$P = CV (1 + m)$$

em que:

P = preço

> Na busca pela maximização dos resultados, estruturas de mercado menos competitivas – isto é, aquelas que não correspondem às condições da concorrência perfeita – permitem maior controle sobre os preços.

A taxa de *mark-up* é fixada de forma a cobrir custos variáveis e custos fixos e, também, proporcionar um retorno compatível com as expectativas dos investidores.

De forma realista, podemos considerar que as firmas não conseguem prever as quantidades demandadas e, consequentemente, suas receitas. Entretanto, um maior conhecimento dos custos fixos e das variáveis possibilita fixar preços e projetar resultados de forma mais objetiva (Vasconcellos; Garcia, 2004).

O Quadro 4.1 apresenta as principais características de estruturas de mercado clássicas, cujo poder de influência nos preços reflete seu maior ou menor poder.

Quadro 4.1 – Estruturas clássicas de mercado

	Concorrência perfeita	Concorrência imperfeita (monopolista)	Oligopólio	Monopólio
Nº de firmas	Muito grande	Grande	Poucas	Uma
Tipo de produto	Padronizado	Diferenciado	Padronizado ou diferenciado	Único
Controle sobre preço	Nenhum	Suave, face à existência de vários substitutos próximos.	Considerável, principalmente se houver cooperação e formação de cartéis.	Considerável [*]
Barreiras à entrada	Não há.	Não há.	Existem fortes barreiras.	Existem fortes barreiras.
Exemplos	Confecções populares	Confecções "de marca"	Cimento/ automóveis	Drogas patenteadas

Fonte: Vasconcellos; Garcia, 2004, p. 81.

[*] Sujeito à regulação.

4.1.1 monopólio

Com característica antagônica aos mercados em concorrência perfeita, o monopólio apresenta, de um lado, uma **única firma**

vendedora dominando a oferta e, de outro, o conjunto dos consumidores. Entretanto, o monopolista, mesmo assim, não tem controle total sobre o preço, pois, se elevá-lo demasiadamente, isso representará peso excessivo para os consumidores, que tenderão a consumir o produto em menores quantidades (Vasconcellos, 2002).

Monopólios derivam da existência de **barreiras à entrada de novas firmas no mercado**, sendo estas determinadas pelas seguintes circunstâncias, de acordo com Vasconcellos e Garcia (2004):

› exigência de elevado volume de capital em virtude da engenharia do projeto e da escala mínima de operação;
› domínio da patente, enquanto essa não cai em domínio público, em face da inovação tecnológica desenvolvida para produzir o bem ou o serviço;
› controle de matérias-primas básicas;
› concessões do poder público.

perguntas & respostas

1. **Que barreiras de mercado impedem que determinadas atividades (produção de aço e cimento, indústria automobilística etc.) sejam organizadas de forma altamente concorrencial (concorrência perfeita)?**

Nessas indústrias, barreiras à entrada de novas firmas competidoras são criadas pela exigência de um elevado volume de capital e uma escala mínima de produção, além do domínio da tecnologia exigida.

Quando as economias de escala determinam que a entrada de uma segunda firma eleva o custo médio de produção, o monopólio torna-se desejável (**monopólio natural**). Se ele ocorrer de forma clássica em serviços de utilidade pública – como saneamento e geração de energia elétrica, por exemplo –, o governo pode aumentar a eficiência desses serviços por meio da regulamentação do preço do monopolista.

Há tanto benefícios quanto custos associados ao uso de patentes, licenças e associações industriais para estabelecer monopólios. Por exemplo: o poder de mercado para obtenção de lucros extraordinários exige vultosos investimentos, mas gera, também, incentivos à inovação, considerada a origem do progresso técnico.

4.1.2 concorrência monopolística

(seção elaborada com base em Vasconcellos, 2002)

Também chamada de **concorrência imperfeita**, caracteriza-se pelo fato de que, embora muitas empresas produzam produtos diferenciados, estes podem ser altamente substituíveis, sendo exemplos disso diferentes marcas de perfumes, sabonetes, refrigerantes, calças *jeans* etc. Dessa maneira, ao contrário do que acontece com a concorrência perfeita, é possível aproximar-se mais da realidade.

Na concorrência monopolística, cada instituição vende uma marca ou uma versão de determinado produto, que difere em termos de qualidade, aparência ou reputação.

O poder de monopólio, isto é, a capacidade de **fixar preços,** depende do sucesso da diferenciação, pois os

> A característica fundamental da concorrência monopolística – que é baseada na diferenciação de produtos e serviços – é o uso vigoroso da publicidade para a fixação das marcas utilizadas.

consumidores têm várias alternativas, o que determina uma alta elasticidade-preço da demanda.

A diferenciação dos produtos ocorre por características físicas, como embalagem, promoção das vendas, marca etc. Assim, os consumidores veem a marca de cada empresa como algo diferente, e essa imagem, correta ou não, determina a disposição de pagar mais pelo produto.

A característica fundamental da concorrência monopolística – que é baseada na diferenciação de produtos e serviços – é o uso vigoroso da publicidade para a fixação das marcas utilizadas.

Aquela que é a única produtora de determinada marca pode, assim, exercer poder de mercado de forma limitada. Isso porque os consumidores estão dispostos a pagar mais pelo produto, mas podem substituí-lo por um de outra marca, já que é relativamente fácil entrar no mercado com marcas próprias.

Os estudiosos que analisam criticamente a publicidade argumentam que essa ênfase enseja comportamentos irracionais por parte dos consumidores, levando à redução da concorrência. Por outro lado, os que possuem enfoques favoráveis à publicidade consideram que o seu uso aumenta a transparência do mercado por meio do aperfeiçoamento das informações prestadas aos consumidores, fazendo com que o nível de competição cresça (Mankiw, 2001).

4.1.3 oligopólio
(seção elaborada com base em Vasconcellos, 2002)

O oligopólio é uma estrutura de mercado caracterizada pela existência de reduzido número de produtores – os quais competem entre si –, sendo obstruída a entrada de novas empresas, geralmente em virtude do elevado volume de capital exigido, ante a escala mínima de operação muito elevada. Nesses casos, a mercadoria produzida pode ser diferenciada (automóveis) ou não (aço).

O poder de fixar preços e a lucratividade dependem de como as empresas interagem entre si: i) se a interação tende mais para a cooperação que para a competição, elas podem cobrar preços mais elevados, auferindo lucros extraordinários; ii) se todos os produtores são importantes ou possuem faixas significativas do mercado, as decisões sobre preço e produção de equilíbrio são interdependentes, pois a decisão de um vendedor influi no comportamento dos demais.

Acordos relativos ao nível de produção e aos preços estabelecidos por algumas firmas são denominados **conluios**, e o grupo de empresas que age de comum acordo é chamado de **cartel**. Essas situações caracterizam abuso do poder econômico e justificam a intervenção do Estado, no sentido de melhorar o funcionamento do mercado.

A Constituição Federal de 1988 aperfeiçoou a legislação brasileira em defesa da concorrência e, a partir dessa base legal, foi promulgada a Lei nº 8.884, de 11 de junho de 1994, que criou o Sistema Brasileiro de Defesa da Concorrência (SBDC), constituído pela Secretaria de Direito Econômico (SDE) do Ministério da Justiça, pela Secretaria de Acompanhamento Econômico (Seae) do Ministério da Fazenda e pelo Conselho Administrativo de Defesa Econômica (Cade), vinculado ao Ministério da Justiça (Vasconcellos; Garcia, 2004).

perguntas & respostas

2. Como você avalia a possibilidade de acordos de preços no mercado de combustíveis?

A possibilidade de acordos de preços caracteriza um conluio, e o grupo de empresas envolvido é um cartel, sendo que a sua efetividade depende da maneira como as firmas interagem, tendendo para a cooperação ou para a competição. Caso prevaleça a primeira opção, há um aumento da possibilidade de fixar preços e obter lucros extraordinários. Todavia, a Constituição Brasileira privilegia a defesa da concorrênci, cuja aplicação cabe ao Sistema Brasileiro de Defesa da Concorrência (Lei nº 8.884/1994).

4.1.4 monopsônio/oligopsônio
(seção elaborada com base em Vasconcellos, 2002)

Trata-se de uma estrutura de mercado com poucos compradores, caracterizada pela capacidade de influenciar o preço praticado na transação e possibilitar a aquisição de determinado produto por um valor inferior ao que prevaleceria em condições de competição.

Tipicamente, há poder de oligopsônio das grandes redes de supermercados relativamente aos produtores de hortifrutigranjeiros, ou da indústria automobilística em relação aos fornecedores de pneus e baterias.

perguntas & respostas

3. Você considera que existe concorrência perfeita no mercado de produtos hortifrutigranjeiros?

A tendência moderna de predomínio das grandes redes de hipermercados no comércio de alimentos caracteriza uma situação de oligopsônio.

síntese

Neste capítulo, explicamos como diferentes estruturas de mercado estabelecem níveis de concorrência e possibilidades concernentes ao poder de mercado. Embora a concorrência perfeita pareça preferível para a sociedade, já que a competitividade é expressa em preços mais baixos e com lucros normais, o poder de monopólio – que possibilita lucros extraordinários – cria condições para investimentos na geração de inovações tecnológicas e organizacionais, o que representa, em última análise, a base do progresso material.

estudo de caso

Leia o texto a seguir, publicado na *Folha Online* (Johnson & Johnson..., 2006), e avalie as prováveis consequências sobre os resultados da Johnson & Johnson. Analise e responda:
O que você pensa a respeito dos "rendimentos de escala" previstos?

Johnson & Johnson compra divisão
da Pfizer por US$ 16,6 bilhões

A fabricante norte-americana de produtos de saúde e higiene pessoal Johnson & Johnson anunciou nesta segunda-feira a compra da Pfizer Consumer Healthcare, divisão da Pfizer que fabrica produtos para cuidados de saúde livres de prescrição médica, em um negócio de US$ 16,6 bilhões. A compra conclui o processo de revisão da divisão, iniciado em fevereiro, para que a empresa pudesse se dedicar aos medicamentos vendidos sob prescrição.

O presidente e executivo-chefe da Johnson & Johnson, William Weldon, disse que os produtos adquiridos da Pfizer (como o anti-séptico bucal Listerine) são "ativos extraordinários, que trarão valorização sustentável e de longo prazo para os acionistas".

Segundo Weldon, o negócio ajuda a empresa a prosseguir com sua estratégia de buscar o equilíbrio em seu catálogo de produtos. Os setores de medicamentos sob prescrição e de aparelhos médicos e para diagnóstico respondem agora por 40% e 35% das receitas respectivamente. A divisão de produtos livres da exigência de prescrição respondem por 25%.

O negócio ainda tem de ser considerado pelas diretorias de ambas as empresas e terá de ser submetido à aprovação das autoridades reguladoras. A expectativa é de que esteja concluído até o fim deste ano. A Johnson & Johnson informou também que espera conseguir, até 2009, economizar entre US$ 500 milhões e US$ 600 milhões com a eliminação de redundâncias.

questões para reflexão

1. Como você considera a possibilidade de a Prefeitura Municipal de uma cidade de 50.000 habitantes determinar a concessão do transporte público a três empresas?

2. Como você avalia a concessão de patente para um medicamento de última geração destinado à cura de determinada doença que vem fazendo milhares de vítimas?

3. Você acha que lojas de *shoppings* operam no mercado de concorrência perfeita?

questões para revisão

1. Com base nas estruturas clássicas de mercado retratadas neste capítulo, analise a situação de algumas indústrias brasileiras que trabalham nos seguintes segmentos: automóveis, cimento, material elétrico, confecções, material de limpeza, pneus e *software*.

2. Em sua cidade existe algum caso de monopólio natural?

3. Na concorrência imperfeita (monopolística), cada firma procura constituir um monopólio de seu produto. Você concorda com essa afirmativa?

4. Em que estrutura de mercado você incluiria o conjunto dos países produtores de petróleo organizados através da Organização dos Países Exportadores de Petróleo (Opep)?

5

teoria e política
macroeconômica

conteúdos do capítulo:

› Campo de estudo da macroeconomia;
› Metas de política econômica;
› Instrumentos de política econômica;
› A formação dos principais preços nos mercados nacionais;
› A contabilidade social e o levantamento de indicadores;
› Valores nominais e valores reais.

após o estudo deste capítulo, você será capaz de:

1. diferenciar o enfoque macroeconomia × microeconomia;
2. compreender os principais objetivos econômicos nacionais e os instrumentos utilizados pela política econômica;
3. entender a formação dos principais preços nacionais: Índice Geral de Preços (IGP), Taxa de Salários, Taxa de Juros e Taxa de Câmbio;
4. entender o cálculo dos principais valores agregados: Produto Interno Bruto (PIB) e Índice Geral de Preços (IGP);
5. transformar valores nominais (absolutos) em valores reais (relativos).

5.1 política econômica: objetivos e instrumentos

(seção elaborada com base O'Sullivan e Sheffrin, 2000)

Enquanto a microeconomia amplia detalhes de mercados específicos para analisá-los, a macroeconomia simplifica particularidades e analisa suas inter-relações, procurando visualizar o conjunto.

Do ponto de vista da microeconomia, podemos estudar, por exemplo, o que determina o número de automóveis produzidos no Brasil, enquanto que, em macroeconomia, analisamos a produção total da economia.

Além disso, pelo foco desta última, o bem-estar material será tanto mais elevado quanto mais perto a economia estiver da utilização plena de seus recursos (pleno emprego).

A microeconomia procura explicar: i) como o consumidor determina a distribuição de sua renda total entre os muitos produtos e serviços à sua disposição, visando maximizar o seu bem-estar; ii) como a empresa determina a mais baixa combinação de custos de capital e trabalho para elaborar seu produto; iii) como a empresa fixa o preço de venda e determina a quantidade de um produto que maximizará o seu lucro.

A macroeconomia, por outro lado, analisa como se determinam a produção total de bens e serviços e o emprego total de recursos, bem como o que força esses índices totais a flutuarem. Além disso, essa área busca explicar, por exemplo: i) Por que, dispondo de recursos capazes de gerar uma produção de R$ 1 trilhão, a economia produz ora R$ 600 bilhões, ora R$ 700 bilhões? ii) Por que o total de bens e serviços produzidos cresce a uma taxa de 5% ao ano em determinada década, e a 1% ao ano em outra? iii) Por que os preços crescem acentuadamente em um período, enquanto permanecem estáveis em outros, ou, mesmo, por que a contratação de trabalhadores aumenta ou diminui? Desse modo, a macroeconomia objetiva analisar variáveis agregadas, como índices de preços, nível de produção e de emprego etc., além de relações funcionais entre o nível dos salários e a aquisição de bens de consumo e entre o nível da taxa de juros e a determinação do volume de investimentos em máquinas e equipamentos. Além disso, a macroeconomia pretende verificar a influência da taxa de câmbio no nível de importações e exportações.

> Enquanto algumas variáveis macroeconômicas flutuam juntas – produção e emprego, por exemplo –, em outras situações, as decisões de política econômica enfrentam conflitos inevitáveis.

5.2 metas de política econômica

Os objetivos de política econômica envolvem *trade-offs* e conflitos. Enquanto algumas variáveis macroeconômicas flutuam juntas – produção e emprego, por exemplo –, em outras situações, as decisões de política econômica enfrentam conflitos inevitáveis. Períodos de elevado crescimento da produção costumam gerar pressões por aumento de preços, geralmente nos setores fornecedores de insumos básicos (aço, embalagens etc.). Dessa forma, as decisões macroeconômicas devem contemplar a manutenção das taxas de crescimento da produção, com a elevação dos preços ou a redução do crescimento para conter as pressões inflacionárias.

Também cabe à análise macroeconômica estabelecer relações de causa e efeito, assim como estimar custos e benefícios de cada alternativa de política econômica. Entretanto, a decisão final sobre o curso de ação a ser seguido, diante de várias prioridades, é uma questão política (Mankiw, 2001).

De acordo com Vasconcellos e Garcia (2004, p. 87), os principais **objetivos** da política macroeconômica são os seguintes:
> alto nível de emprego;
> estabilidade dos preços;
> crescimento da produção;
> distribuição equitativa da renda.

Questões relativas ao nível de emprego e à estabilidade dos preços são consideradas **conjunturais** ou de **curto prazo**, enquanto o crescimento da produção e a distribuição da renda (equidade) envolvem aspectos **estruturais** de **longo prazo** (Vasconcellos, 2002).

5.2.1 instrumentos de política macroeconômica

A política macroeconômica envolve a participação governamental sobre a capacidade produtiva (oferta agregada) e as despesas planejadas pela sociedade (demanda agregada), no sentido de atingir os objetivos referidos anteriormente, utilizando-se dos principais **instrumentos** que seguem (Vasconcellos; Garcia, 2004, p. 91):

a) **Política fiscal** – Controle do orçamento público (receitas e gastos do setor público).

b) **Política monetária** – Controle da moeda, do crédito e da taxa de juro.

c) **Política cambial** – Controle do ingresso e da saída de moeda estrangeira, bem como da formação da taxa cambial.

d) **Política comercial** – Definição das práticas de comércio internacional, dos mecanismos de incentivo às exportações e do relacionamento comercial com os demais países.

5.2.2 estrutura da análise macroeconômica

(seção elaborada com base em Vasconcellos e Garcia, 2004, p. 93)

As principais variáveis macroeconômicas são determinadas nos quatro principais mercados – o de **bens e serviços**, o de **trabalho**, o **financeiro** e o de **câmbio** – dependendo das forças de oferta e demanda, cujos principais fatores estão indicados no Quadro 5.1.

Quadro 5.1 – Principais mercados agregados

Principais mercados nacionais	Resultantes
› Mercado de bens e serviços	› Índice geral de preços (IGP)
	› PIB (produto interno bruto)
› Mercado de trabalho	› Taxa de salário
	› Nível de emprego
› Mercado monetário	› Taxa de juro
	› Meios de pagamento
› Mercado cambial	› Taxa de câmbio
	› Volume de moeda estrangeira

Fonte: Adaptado de Vasconcellos; Garcia, 2004, p. 93.

Gráfico 5.1 – Mercado de bens e serviços e determinantes da oferta/demanda agregada (bens e serviços)

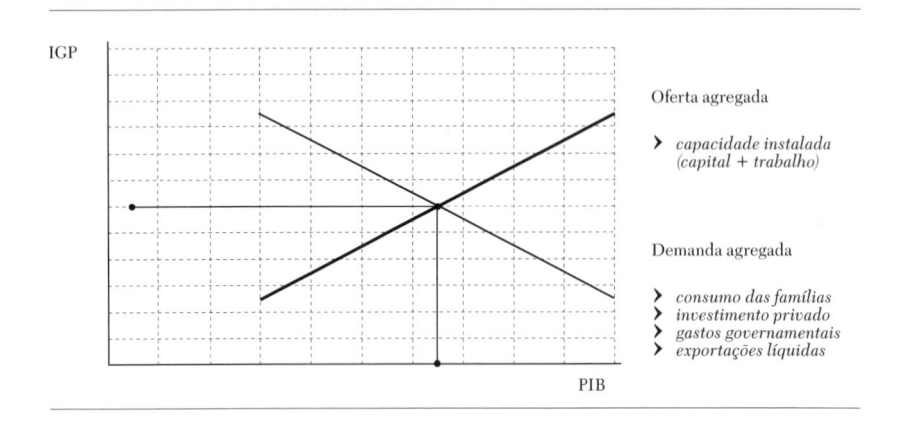

IGP

Oferta agregada

> capacidade instalada (capital + trabalho)

Demanda agregada

> consumo das famílias
> investimento privado
> gastos governamentais
> exportações líquidas

PIB

Gráfico 5.2 – Mercado de trabalho e determinantes da oferta/demanda de trabalho

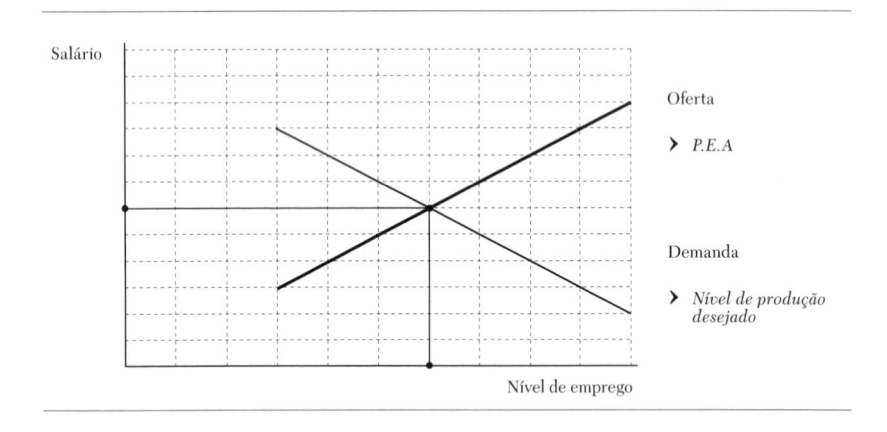

Salário

Oferta

> P.E.A

Demanda

> Nível de produção desejado

Nível de emprego

Gráfico 5.3 – Mercado monetário e determinantes da oferta/demanda de meios de pagamento

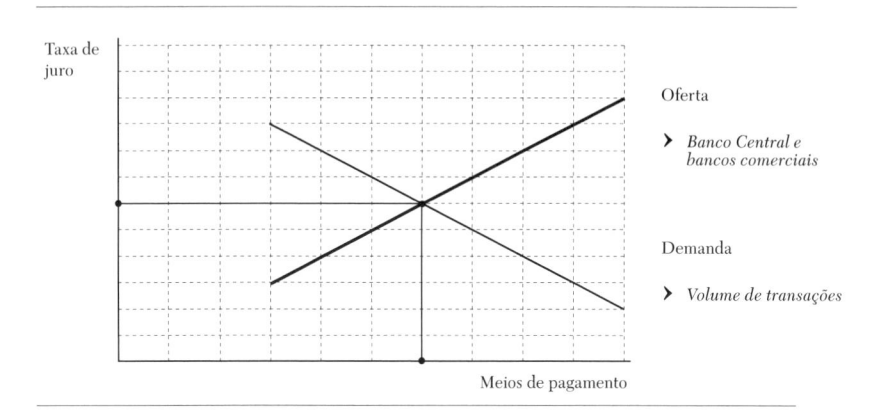

Taxa de juro

Oferta
> Banco Central e bancos comerciais

Demanda
> Volume de transações

Meios de pagamento

Gráfico 5.4 – Mercado de câmbio e determinantes da oferta/demanda de moeda estrangeira

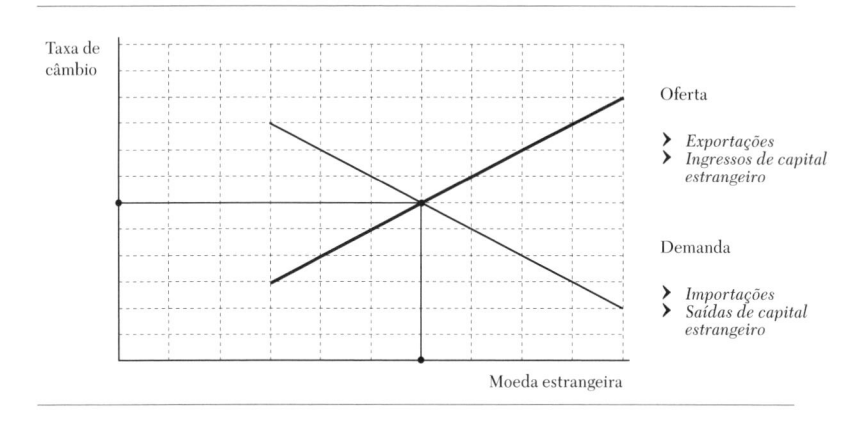

Taxa de câmbio

Oferta
> Exportações
> Ingressos de capital estrangeiro

Demanda
> Importações
> Saídas de capital estrangeiro

Moeda estrangeira

87 princípios de economia

perguntas & respostas

1. De que forma os gastos governamentais influenciam o IGP?

Gastos governamentais integram a demanda agregada de bens e serviços, e o seu aumento (*coeteris paribus*) desloca a respectiva curva para cima a para a direita. Dessa forma, pressionam o mercado para um novo equilíbrio, com IGP mais alto.

2. Que efeito a melhoria das expectativas dos empresários e a subsequente elevação do nível de produção desejado terá nos salários?

Expectativas favoráveis e a consequente elevação do nível de produção desejado respondem pelo aumento da demanda de trabalho, cuja curva é delocada para cima e para a direita, elevando a taxa de salário.

3. Qual o efeito derivado da elevação no nível da demanda agregada em uma situação de esgotamento da capacidade instalada?

O esgotamento da capacidade instalada (pleno emprego), conjugado com o aumento da demanda agregada, tende a elevar o Índice Geral de Preços (IGP), conforme podemos deduzir pelos deslocamentos no mercado de bens e serviços.

5.3 contabilidade social

A análise macro econômica e a formulação de políticas utilizam dados necessários para monitorar a economia como um todo. Os sistemas de contabilidade nacional (ou contabilidade social) avaliam os dados macroeconômicos agregados (nível de produção, emprego, renda etc.), registrando de forma sistemática as transações realizadas no país. Enquanto a teoria macroeconômica estabelece relações funcionais para valores teóricos e planejados, antecipando o que pode ocorrer (*ex ante*), o sistema de contas nacionais procura medir os principais agregados, com base em valores já realizados (*ex post*).

O resultado da produção de bens e serviços no país (PIB) também pode ser medido pela ótica da renda, ou seja, pela somatória da remuneração dos fatores **trabalho** e **capital** empregados na produção (salários, lucros, juros, aluguéis).

Quadro 5.2 – Composição simplificada da renda da economia

	Renda (R$)				Valor agregado
	Salário	Lucro	Juro	Aluguel	
Setor I	800,00	400,00	180,00	120,00	100,00	800,00
Setor II	2.000,00	600,00	220,00	180,00	200,00	1.200,00
Setor III	3.600,00	800,00	300,00	220,00	280,00	1.600,00
		1.800,00	700,00	520,00	580,00	3.600,00

ou seja,

De forma simplificada, consideremos que o **Setor I** (primário) produziu bens intermediários (matérias-primas e componentes), no valor de R$ 800,00, que corresponde à renda dos fatores **capital** e **trabalho** empregados (valor agregado). **O Setor II** (secundário), por sua vez, adquire esses bens intermediários, agrega R$ 1.200,00 e vende o produto industrializado ao **Setor III** (terciário) – responsável pela comercialização – que agrega valor (renda) de R$ 1.600,00, resultando no valor do bem final, que é colocado à disposição dos consumidores por R$ 3.600,00.

Essa produção, por sua vez, corresponde ao conceito de **renda interna**, medida pela ótica do valor agregado, que é a renda adicionada em cada setor produtivo.

De forma alternativa, a produção do país pode ser medida pela avaliação estatística do valor dos bens e serviços produzidos em determinado período. Nesse caso, o valor da produção é estimado aos preços de mercado, isto é, pelo valor dos bens finais e serviços transacionados, que inclui o valor dos impostos indiretos incidentes (ICMS, IPI)[1]. No período, devem ser consideradas apenas as transações com bens e serviços finais, pois contabilizá-los como matérias-primas e componentes levaria a uma dupla contagem (Vasconcellos; Garcia, 2004).

1 É importante notar que que, nos valores das transações formais, a estatística das contas nacionais inclui um valor estimado para as transações informais (emprego sem registro em carteira, compra e venda sem emissão de notas fiscais etc.).

Por meio de diversas metodologias, são também calculados os **índices de preços** (IPCA, INPC, IGP-M, IGP-DI), que medem variações médias de preços.

5.4 do PIB ao PNB

Você já deve ter notado que nos meios de comunicação e mesmo em livros de economia ora há referências ao PIB, ora ao PNB. Preferir um dos conceitos certamente significa escolher o número que melhor se ajusta às nossas hipóteses.

Como os sistemas econômicos nacionais recebem/enviam fluxos de recursos de/para outros países, eles geram, em decorrência, fluxos internacionais de rendimentos fatoriais (remessas e ingressos de lucros, juros e outros rendimentos). Ao valor líquido dessas rendas denominamos *renda líquida do exterior* (RLE):

RLE = renda recebida do exterior − renda enviada para o exterior

Somando o valor da RLE ao do PIB, obtemos o valor do PNB, isto é, a renda (produção) de brasileiros, não importando onde ela tenha sido gerada:

PNB = PIB + RLE

5.5 valores nominais e valores reais[2]

O PIB nominal é medido em relação aos preços do momento em que a renda é obtida, sendo expresso, normalmente, em períodos anuais. Levando-se em conta a inflação – aumento dos preços –, o valor do PIB nominal é ajustado, para diferentes períodos, a preços que prevalecem em uma determinada data. Isso exige a aplicação de índices médios de preços, divulgados em jornais e revistas especializadas (INPC, IPCA, IGP-M, IGP-DI).

2 > **Valores nominais** são absolutos, isto é, avaliados em relação aos preços vigentes em determinado momento.
> **Valores reais** são relativos, isto é, comparados em dois momentos diferentes mediante a aplicação de índices de preços, que refletem a variação destes.

Tabela 5.1 – Produto interno bruto (PIB)

Ano	PIB nominal (R$ milhões)	Índice Geral de Preços		PIB real (a preços constantes de 1999)	
		1990 = 100	Taxa de inflação anual	R$ Milhões	Taxa de crescimento
	1	2	3	4	5
1999	960.857	6.670.660	–	960.857	–
2000	1.089.700	7.222.518	8,3%	1.006.438	4,7%
2001	1.184.768	7.757.378	7,4%	1.018.809	1,2%

Coluna 3: Taxa de inflação em 2000 = [(7.222.518/6.670.660) – 1] x 100
Coluna 4: PIB real em 2000 = 1.089.700 / (7.222.518/6.670.660)
Coluna 4: PIB real em 2001 = 1.184.768 / (7.757.278/6.670.660)
Coluna 5: Taxa de crescimento em 2000 = [(1.006.438/960.857) – 1] x 100

O valor do PIB considera uma estimativa de atividades informais, mas omite algumas informações que tornariam os dados mais realistas. Embora de difícil praticidade, pois não se tratam de bens e serviços transacionados no mercado, estimativas do valor da poluição, da deterioração do meio ambiente, de trabalhos domésticos e de atividades não declaradas (do tipo "faça você mesmo"), e mesmo de lazer, são dados relevantes não considerados, ou considerados de forma limitada (Mankiw, 2001).

síntese

Neste capítulo, estudamos uma metodologia para o levantamento de alguns dados agregados necessários para o estudo de importantes relações funcionais da economia nacional. Estabelecemos também as principais metas de política econômica e os instrumentos necessários para a sua viabilização. No próximo capítulo, aprofundaremos esses aspectos, introduzindo algumas questões controversas a respeito da política econômica.

estudo de caso

Utilizando conceitos deste capítulo, reflita sobre as metas e os instrumentos da política macroeconômica com base na matéria de Delfim Netto (2006), publicada pelo jornal *Folha de São Paulo*:

Economia Política

Para Adam Smith, a economia política era uma ciência moral. Ela deveria ajudar os homens a encontrar (sic) formas de organização econômica que lhes permitissem uma sobrevivência decente. À economia política propõem-se dois objetos distintos: 1º) proporcionar ao povo um bom rendimento e subsistência abundante, ou melhor, proporcionar ao povo as condições para que ele mesmo possa fazê-lo e 2º) proporcionar ao Estado as condições de apropriar-se dos recursos necessários para cobrir as despesas com os bens públicos que só ele pode produzir.

Essa sociedade "razoável" deveria, portanto, dar oportunidade a todos os que podem e querem trabalhar, de obter, com seu próprio esforço e capacidade, a subsistência digna para si e para suas famílias. Como em Keynes, a prioridade da sociedade "razoável" é o emprego para todos e a subsistência com dignidade.

A hipótese genial de Smith de que, "na sua ação, os homens procuram maximizar os seus interesses", mostrou-se extremamente frutífera e ajustava-se como uma luva a ser explorada pelo cálculo diferencial criado por Newton e Leibniz. A sugestão foi tão poderosa que transformou lentamente a "Economia Política" em "Teoria Econômica". Ela deixou de ser uma ciência moral, que privilegiava a condição humana, para "cientificamente" enfatizar a eficiência produtiva: o "mercado de trabalho" (onde os homens de carne e osso vivem e buscam seu sustento) é tratado da mesma forma que o "mercado de parafusos" e o "mercado financeiro", transformando o "desemprego" num ato de mera "vagabundagem". É claro que a eficiência produtiva é para o "homem", mas é mais claro ainda que a "sociedade razoável" tem a ver não apenas com ela, mas com a natureza da distribuição do que foi produzido. Um mínimo de bem-estar para todos não é um problema técnico, solúvel pelo cálculo diferencial, mas essencialmente político como enfatizaram no mesmo tempo (1848) Stuart Mill e Karl Marx.

Na "sociedade razoável", os homens desejam não apenas a oportunidade de trabalho para ganhar a subsistência, mas também a liberdade individual e uma "relativa" igualdade. A liberdade é perfeitamente compatível com a eficiência produzida no mercado pela competição. Mas a competição é capaz de produzir as maiores desigualdades. É por isso que temos de reintroduzir a "Política" na "Ciência Econômica" antes que o "sufrágio universal" ponha a perder a própria eficiência.

Utilizando conceitos da contabilidade social, tratados neste capítulo, discuta o texto de Spitz (2006), publicado na *Folha Online*.

PIB soma R$ 478,9 bilhões
no primeiro trimestre, diz IBGE

O PIB (Produto Interno Bruto, soma das riquezas produzidas por um país) brasileiro totalizou R$ 478,9 bilhões no primeiro trimestre do ano, segundo dados divulgados hoje pelo IBGE (Instituto Brasileiro de Geografia e Estatística).

Nos primeiros três meses do ano passado, o PIB somou R$ 438,2 bilhões. No último trimestre de 2005, alcançou R$ 521,8 bilhões.

No mês passado, o IBGE divulgou que o crescimento do PIB, nos primeiros três meses de 2006, foi de 1,4%, o que representou a maior alta em um ano e meio. Em todo o ano passado, a expansão foi de 2,3%.

Entre janeiro e março, o consumo das famílias significou R$ 277,8 bilhões, segundo o IBGE. Os investimentos representaram R$ 97,69 bilhões e o consumo do governo somou R$ 84,56 bilhões. Os impostos foram responsáveis por R$ 54,25 bilhões.

Somente a alta dos investimentos animou economistas e fez com que o Ipea (Instituto de Pesquisa Econômica Aplicada) elevasse de 3,4% para 3,8% a projeção de expansão da economia brasileira em 2006 no início deste mês.

Na análise por setores, a indústria contribuiu com o equivalente a R$ 168,5 bilhões. Já a agropecuária e os serviços somaram R$ 34,7 bilhões e R$ 248,3 bilhões, respectivamente.

A taxa de investimento correspondeu a 20,4% do PIB no primeiro trimestre. Trata-se da maior taxa para o primeiro trimestre desde 2001. No mesmo período do ano passado, havia sido de 20%.

Já a taxa de poupança chegou a 21,6% do PIB, o que representa uma queda de 0,7 ponto percentual em relação ao primeiro trimestre de 2005.

O PIB é a soma dos bens e serviços produzidos por um país. É formado pela indústria, agropecuária e serviços. Ele mostra o comportamento de uma economia.

questões para reflexão

1. Considerando que a conjuntura econômica no final de 2010 sinaliza uma alta dos preços, utilize o gráfico do Mercado de Bens e Serviços (Gráfico 5.1) e deduza as principais causas que podem determinar esse desequilíbrio.

2. Considerando que a taxa de juros brasileira está situada em um patamar superior ao das taxas dos países desenvolvidos, de que forma essa situação influencia a formação da taxa de câmbio R$/US$? Para a sua análise, utilize o Gráfico 5.4 do Mercado de Câmbio.

questões para revisão

1. Considerando que a renda líquida do exterior no Brasil é negativa (as remessas de rendimentos **para** o exterior superam os ingressos de rendimentos **do** exterior), que comparação você pode fazer entre o PIB e o PNB brasileiros?

2. Se, em determinado ano, o valor do PIB nominal supera o valor do ano anterior, você pode afirmar que houve crescimento da produção?

6 determinação da renda e do emprego

conteúdos do capítulo:

› O crescimento da produção e do emprego;
› Análise clássica de longo prazo: determinantes da oferta agregada de bens e serviços;
› Análise de curto prazo: determinantes da demanda agregada de bens e serviços;
› Fatores determinantes do consumo;
› Decisões de investimento;
› Gastos governamentais e o papel do setor público;
› O papel das exportações e das importações.

após o estudo deste capítulo, você será capaz de:

1. entender a razão das oscilações dos níveis de produção e de emprego ao longo do tempo;
2. analisar os principais fatores determinantes da oferta e da demanda agregada de bens e serviços;
3. entender as possibilidades de intervenção na economia por meio da política econômica, com vistas ao aumento da produção e do emprego, com estabilidade de preços.

6.1 antecedentes

Como podemos perceber nos Gráficos 6.1 e 6.2, o PIB brasileiro apresentou acentuadas oscilações desde a década de 1990, da mesma forma que a taxa de desemprego.

Gráfico 6.1 – Brasil – Taxa de crescimento do PIB real (%)

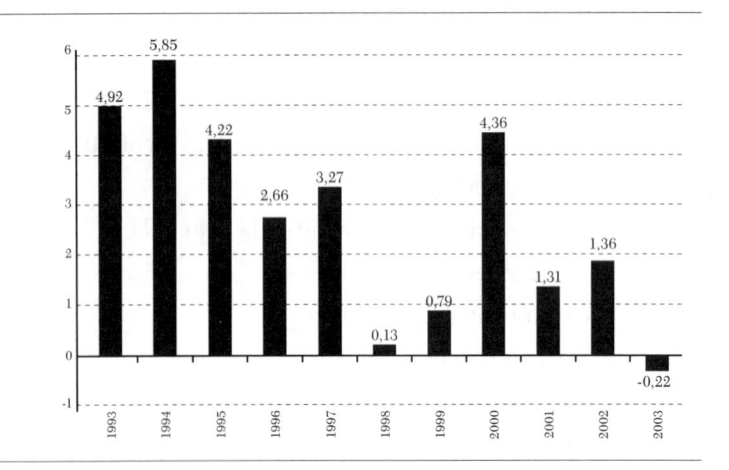

Ano	1993	1994	1995	1996	1997	1998	1999	2000	2001	2002	2003
%	4,92	5,85	4,22	2,66	3,27	0,13	0,79	4,36	1,31	1,36	-0,22

Fonte: IBGE, 2004, p. 39.

Gráfico 6.2 – Taxa de desemprego (em %)

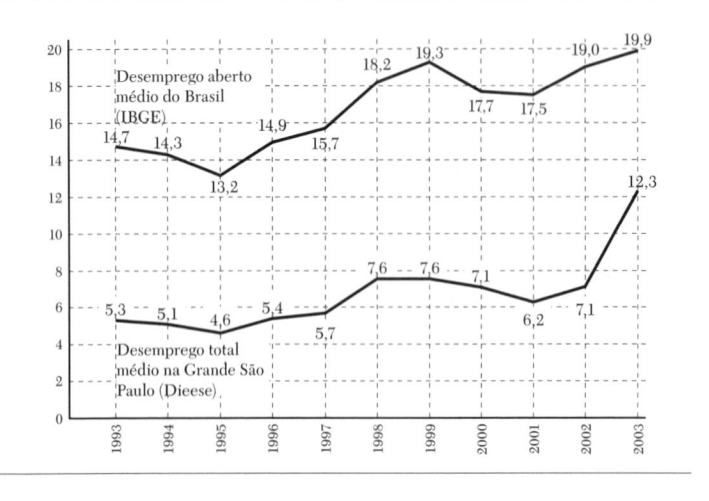

Desemprego aberto médio do Brasil (IBGE): 14,7 (1993); 14,3 (1994); 14,9 (1995); 15,7 (1996); 18,2 (1998); 19,3 (1999); 17,7 (2000); 17,5 (2001); 19,0 (2002); 19,9 (2003)

Desemprego total médio na Grande São Paulo (Dieese): 5,3 (1993); 5,1 (1994); 4,6 (1995); 5,4 (1996); 5,7 (1997); 7,6 (1998); 7,6 (1999); 7,1 (2000); 6,2 (2001); 7,1 (2002); 12,3 (2003)

Entre 1995 e 1996 valor 13,2.

Fonte: Dieese/IBGE, 2004, p. 38.

Durante muitos anos do período pós-Segunda Guerra, a economia brasileira apresentou vigorosas taxas de crescimento. A partir da década de 1980, porém, ela passou a demonstrar resultados insatisfatórios, com repercussões negativas sobre a ocupação de mão de obra. Como causas desse baixo desempenho, podemos apontar a inadequada gestão macroeconômica, os desequilíbrios nas contas externas, a instabilidade do câmbio, os déficits no orçamento público, as altas taxas de inflação e as descontinuidades provocadas por uma violenta modificação nos padrões tecnológicos e organizacionais das empresas, entre outras (Goldberg, 2004).

1 A macroeconomia, extenso campo de debate sobre as ideias keynesianas, cresceu como ramo distinto da teoria econômica, voltado ao estudo das flutuações da produção e do emprego após a Grande Depressão da década de 1930. Naquele contexto, o paradigma clássico-liberal não conseguia explicar o colapso das atividades econômicas, surgindo então *A Teoria Geral do Emprego, do Juro e da Moeda*, de John Maynard Keynes, publicada em 1936.

Dois paradigmas procuram explicar as causas das flutuações na produção e no emprego: o **paradigma clássico-liberal**, voltado às questões estruturais de longo prazo relativas à determinação da oferta agregada, e o **paradigma keynesiano**[1], com perspectiva de curto prazo, direcionado às questões conjunturais determinantes da demanda agregada.

6.2 a economia clássica do pleno emprego

A economia clássica-liberal se baseia no princípio de que, a longo prazo, os preços se ajustam de modo a conduzir os mercados de bens e de trabalho ao equilíbrio. O nível de equilíbrio do produto de uma economia é, dessa forma, aquele que proporciona pleno emprego de sua força de trabalho, objetivo automaticamente obtido pelo mercado, sem intervenção do Estado.

A análise está baseada em uma abstração fundamental em macroeconomia – a função de produção agregada: $Q = f(K, T)$. Nesse caso, a produção (Q) é função de combinações de capital (K) e trabalho (T), ou seja, a produção depende da capacidade instalada.

> A economia clássica-liberal se baseia no princípio de que, a longo prazo, os preços se ajustam de modo a conduzir os mercados de bens e de trabalho ao equilíbrio.

Derivada da Lei de Say (que prega que "a oferta cria sua própria demanda"), a teoria clássica assegura que a demanda agregada será sempre igual à oferta agregada, sendo esta determinada pela capacidade instalada, que, por sua vez, refere-se à quantidade e à qualidade dos insumos de capital e de trabalho.

A questão fundamental é a expansão da oferta derivada da acumulação de capital, da melhoria e da qualificação da mão de obra e da introdução de inovações tecnológicas e organizacionais. Essas condições exigem uma sólida estrutura institucional, com normas jurídicas claras e previsíveis – que visam incentivar os investimentos – e uma competente gestão macroeconômica fundamentada em um equilíbrio fiscal (equilíbrio das receitas e dos gastos do setor público), além de uma inflação baixa (Stiglitz; Walsh, 2003).

6.3 macroeconomia keynesiana

A depressão de 1930 determinou a necessidade de outros critérios para analisar as causas da variação da produção e do emprego. O surgimento da macroeconomia keynesiana permitiu a análise dessa situação, enfocando a hipótese de que falhas de mercado levam ao desemprego.

Esse movimento considerava que o ajustamento dos salários aos desequilíbrios do mercado de trabalho ocorresse lentamente, não garantindo o pleno emprego da força de trabalho. A análise, por esse viés, destaca a instabilidade da demanda agregada como fator determinante do produto em curto prazo.

Derivada de choques no mercado privado, a crise econômica origina-se na falta de confiança dos investidores, o que determina alterações na demanda por investimentos e proporciona repercussões negativas na produção e no nível de emprego.

Para permitir a ocupação da capacidade ociosa das empresas e a elevação do nível de emprego, a proposta keynesiana destaca o papel do governo, que, com seus gastos de custeio e investimento, é capaz de aumentar a despesa agregada e, consequentemente, o nível de produção.

Dessa forma, o paradigma keynesiano desencadeou um grande debate na teoria macroeconômica, que questionava o grau de intervenção do Estado na atividade econômica. Atualmente, esse é o ponto que divide as principais correntes do pensamento econômico: os clássicos, os neoclássicos, os monetaristas e os keynesianos (Vasconcellos; Garcia, 2004).

6.4 oferta e demanda agregadas

O nível de equilíbrio entre produção e preços numa economia é determinado pela interação de oferta e demanda agregadas, de forma análoga a qualquer mercado isolado.

Gráfico 6.3 – Oferta e demanda agregadas

Fonte: Adaptado de Vasconcellos; Garcia, 2004, p. 127.

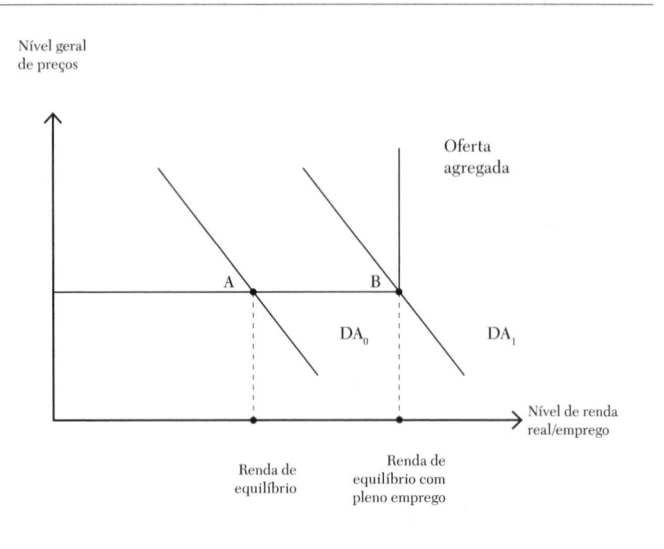

ou seja,

Nessa figura, as curvas de demanda agregada (DA0 e DA1) são negativamente inclinadas (como na microeconomia), pois se renda real = renda nominal/nível geral de preços, quando os preços caem, a renda real aumenta. A oferta agregada, por sua vez, depende das duas hipóteses: no ponto A, a economia encontra-se em equilíbrio (oferta agregada = demanda agregada), mas existe desemprego de recursos; no ponto B, permanece o equilíbrio, mas a economia opera com capacidade máxima. Dessa maneira, qualquer aumento na demanda provocará elevação do nível geral de preços, sem possibilidade de aumentar a produção, pois não há recursos disponíveis (Vasconcellos; Garcia, 2004).

Enquanto a análise clássica-liberal concentra-se nos fatores estruturais de longo prazo ligados à oferta (expansão da capacidade instalada), a economia keynesiana volta-se aos fatores conjunturais de curto prazo relativos à instabilidade da demanda agregada, que é determinada pelo comportamento de seus componentes: demanda de consumo, investimento privado, gastos governamentais e exportações líquidas (exportações **menos** importações).

Renda = DA = C + I + G + (X - M)

em que:
DA = demanda agregada
C = consumo das famílias
I = investimento das firmas
G = gastos governamentais de custeio e investimento
X = exportações
M = importações

6.5 comportamento dos agregados macroeconômicos no mercado de bens e serviços

A eficácia da política macroeconômica depende da análise das relações funcionais estabelecidas entre os componentes da demanda agregada e os fatores que afetam o seu comportamento.

6.5.1 consumo

As despesas de consumo pessoal são determinadas pelo nível da **renda pessoal disponível** (renda menos tributos). À medida que sua renda disponível aumenta, os consumidores ampliam seus gastos de consumo. Depreende-se ainda que, quando há elevação dos demais componentes da demanda agregada, como investimentos, gastos do governo ou exportações, a renda (y) sofre incremento, o que resulta em um novo aumento do consumo (que é função da renda), e assim sucessivamente. Essa constatação nos permite deduzir que, a um dado investimento novo ou a uma dada variação positiva nos gastos governamentais, o efeito final sobre a economia é maior do que o valor inicial desse novo investimento, refletindo em uma variação nos gastos governamentais (efeito multiplicador) (Vasconcellos; Garcia, 2004, p. 130).

O modelo que segue nos permite calcular o multiplicador (k), que, aplicado sobre o valor da variação dos gastos governamentais, por exemplo, resulta no efeito final sobre o aumento da renda:

k = 1 / 1 − b

em que:

b = propensão marginal a consumir, isto é, **b** é igual à parcela da renda adicional destinada ao consumo, considerada, aqui, a média do país. Por exemplo: se você teve um aumento de salário de R$ 1.000,00 em função de sua graduação e resolve aumentar o consumo em R$ 500,00, poupando a mesma quantia, sua propensão marginal a consumir é de 0,5 (R$ 500/ R$ 1.000,00).

As despesas de consumo pessoal são determinadas pelo nível da **renda pessoal disponível** (renda menos tributos). À medida que sua renda disponível aumenta, os consumidores ampliam seus gastos de consumo.

Assim, sendo a propensão marginal a consumir do país igual a 0,5 (50%), qualquer aumento autônomo dos componentes da demanda agregada, como investimentos privados, gastos governamentais ou exportações, duplica seu efeito na renda real:

$Y1 = Y0 + (G \cdot k)$

$Y1 = 1.000 + [200 (1 / (1 - 0,5)]$

$Y1 = 1.400$

em que:

Y1 = renda final

Y0 = renda inicial

G = variação nos gastos governamentais

6.5.2 poupança, investimento e taxa de juros

(seção elaborada com base em Vasconcellos e Garcia, 2004)

Poupança é a parcela da renda nacional[2] não gasta em bens de consumo que pode financiar um investimento, o qual é definido como o acréscimo ao estoque de capital (construções, instalações, máquinas, equipamentos etc.). A curto prazo, o investimento aumenta a demanda agregada, potencializando o crescimento em razão do efeito multiplicador. Já a longo prazo, ele afeta a oferta, por meio do aumento da capacidade instalada.

[2] Países não desenvolvidos, de renda mais baixa, apresentam propensão a poupar menos do que os países ricos. Normalmente, naqueles países a poupança nacional é suplementada por poupança externa.

Representando a principal causa do crescimento da renda nacional, o investimento pode, contudo, apresentar grande instabilidade em decorrência de expectativas desfavoráveis sobre o cenário econômico nacional.

A decisão de investir depende, de forma genérica, da eficiência marginal do capital, isto é, da perspectiva de rendimento de um novo investimento (taxa de retorno), e do custo de oportunidade do capital. Dessa forma, se o benefício (retorno) **excede** o custo (de oportunidade), as firmas consideram que a realização de novos investimentos é coerente, com o objetivo de maximizar a riqueza dos investidores. Existe, assim, íntima conexão entre a taxa de juros e a demanda agregada, já que taxas de juros elevadas aumentam o custo de oportunidade do capital e inibem os investimentos.

perguntas & respostas

1. **Quais seriam as consequências de uma forte elevação da taxa de juros pelo Banco Central, como forma de controlar o nível da demanda agregada?**

   A elevação da taxa de juros tende a atrair capitais estrangeiros, pressionando o mercado de câmbio na apreciação do Real. A análise da moeda brasileira (menos R$ por US$) reduz a competividade da indústria brasileira, o que acarreta reflexos negativos nas contas externas (Balanço de Pagamentos).

6.5.3 a decisão de investir

[3] Fluxos de caixa livres representam o valor que sobra das receitas das firmas após a dedução de todos os custos e tributos incidentes.

Suponhamos que um equipamento que exige investimento de R$ 8.000,00 seja capaz de gerar **fluxo de caixa livre (FC)**[3] de R$ 2.309,75 anuais durante os próximos 5 anos. Podemos converter esse fluxo futuro para valores atuais, isto é, "descontar" os fluxos esperados (a valor presente) a uma determinada taxa de juros:

$$VP = FC_1/(1+r) + FC_2/(1+r)^2 + FC_3/(1+r)^3 + \ldots + FC_n/(1+r)^n$$

em que:

VP = valor atual dos fluxos futuros esperados (valor presente)

FC = fluxos de caixa futuros esperados

r = taxa de juros que representa o custo de oportunidade do capital

O Quadro 6.1 apresenta o valor presente para cada fluxo de caixa futuro esperado.

Quadro 6.1 – Fluxos de caixa descontados a valor presente

Fluxos de caixa futuros estimados	FCs descontados a 5%
FC1 = R$ 2.309,75 ao fim do período 1	R$ 2.199,76
FC2 = R$ 2.309,75 ao fim do período 2	R$ 2.095,01
FC3 = R$ 2.309,75 ao fim do período 3	R$ 1.995,25
FC4 = R$ 2.309,75 ao fim do período 4	R$ 1.900,24
FC5 = R$ 2.309,75 ao fim do período 5	R$ 1.809,74
Valor presente dos FCs	R$ 10.000,00

ou seja,

O investimento é viável e agrega valor, sendo recomendável a sua implementação. O desembolso de capital inicial é de R$ 8.000,00, e o projeto "vale" R$ 10.000,00 a valor presente. Este representa os fluxos de caixa livres em 5 anos, descontados a 5% por período, que é o custo de oportunidade do capital. Evidentemente, taxas de juros mais elevadas aumentariam o custo de oportunidade do capital e poderiam inviabilizar o projeto.

6.6 gastos governamentais (g) e política fiscal

É possível ao governo modificar o nível da demanda agregada por meio de *política fiscal*, que é um nome genérico para as políticas governamentais de gastos (compra de bens, serviços e investimentos) e receitas (carga tributária).

O aumento de gastos expande a demanda agregada, já o aumento de tributos reduz tanto a renda disponível como o consumo (e vice-versa).

perguntas & respostas

2. Quais seriam os efeitos derivados de uma eventual expansão dos gastos governamentais sem contrapartida da receita tributária?

A expansão dos gastos públicos sem a contrapartida da elevação da carga tributária – medida de difícil implementação no Brasil – tende a aumentar o déficit orçamentários do setor público, o que concentra a atuação da política econômica na elevação dos juros.

6.6.1 o papel do setor público

Tendo em vista que o mercado, por meio de um sistema de preços, não consegue cumprir adequadamente algumas funções, cabe ao setor público realizar as seguintes tarefas, de acordo com Vasconcellos (2002):

a) **Função alocativa** – Fornecer bens e serviços que não tenham sido produzidos satisfatoriamente pelo setor privado (saneamento e segurança, por exemplo).

b) **Função distributiva** – Promover a distribuição da renda dos segmentos mais ricos para outros, mais pobres.

c) **Função estabilizadora** – Aumentar o nível de emprego e reduzir a instabilidade dos preços por meio da política econômica.

Para realizar essas funções, o setor público arrecada tributos e realiza gastos de i) **custeio**: pagamento de salários, pensões, aposentadorias etc. e ii) **investimento**: construção de estradas, portos, escolas, hospitais, saneamento etc.

O orçamento público (receitas do setor público) apresenta superávit quando a arrecadação supera os gastos. Por outro lado, quando os gastos excedem o valor da arrecadação, verificamos um déficit. Esses índices podem ser descritos da seguinte forma:

a) **Resultado nominal** (necessidade de financiamento líquido do setor público não financeiro) – Essa medida indica o fluxo líquido anual de financiamentos obtidos pelo setor público (União, estados e municípios) para cobertura do excesso de gastos totais sobre as receitas totais.

b) **Resultado primário** – Subtraindo dos gastos governamentais o valor das despesas financeiras incidentes sobre a dívida pública, temos o resultado primário, que, de forma simplificada, revela a disponibilidade de recursos para pagamento dos compromissos financeiros (juros da dívida pública).

RP = T – (G – Df)

em que:
RP = resultado primário do setor público
T = arrecadação de tributos
G = gastos governamentais de custeio e investimento
Df = despesas financeiras sobre a dívida pública

6.6.2 financiamento do déficit público

Além das medidas fiscais, como o aumento de impostos e/ou o corte de gastos, o déficit público pode ser financiado da seguinte forma:

> por meio de emissão de moeda, que exige a concessão de empréstimos do Banco Central ao Tesouro Nacional (monetização da dívida), uma fórmula eminentemente inflacionária em razão da expansão da base monetária, vedada atualmente pelas leis brasileiras;
> por meio da venda de títulos públicos ao setor privado (interno e externo), o que, a princípio, não causa pressão inflacionária. Todavia, a elevação da dívida pública aumenta o nível de juros, com influência sobre o nível das futuras despesas financeiras do setor e, também, sobre o nível de investimento privado, já que o setor público concorre com o privado no mercado de fundos.

6.7 exportações (X)

(seção elaborada com base em Stiglitz e Walsh, 2003)

As exportações também compõem a demanda agregada e representam uma variável de fundamental importância na política econômica, pois geram divisas necessárias ao pagamento de importações, que são vitais para o funcionamento da economia.

Relativamente autônomas ao nível interno de produção (renda), as exportações dependem de vários **fatores**, entre os quais se sobressaem:

> o nível de preços relativo (preço interno comparativamente ao preço externo), que deriva não só da competitividade da economia, mas também da taxa de câmbio, assunto que

será retomado no capítulo 8;
> o nível de renda nos demais países;
> a política comercial dos demais países;
> a situação das contas externas dos parceiros comerciais;
> o nosso próprio nível de importações.

6.8 importações (M)

Dependem, basicamente, do nível interno de atividades, ou seja, do nível de produção das firmas, pois, quanto maior a produção, maior a necessidade de insumos importados. O aumento da geração de soja, por exemplo, exige maiores importações de defensivos, equipamentos para a indústria de tratores e implementos etc. (Stiglitz; Walsh, 2003).

síntese

A determinação da renda e do emprego é uma das questões centrais da macroeconomia. Embora ideologicamente entrem em choque no que diz respeito ao grau de intervenção do Estado na economia, a abordagem clássico-liberal e a teoria keynesiana são complementares. A primeira contempla o longo prazo, enfatizando o efeito de distúrbios na oferta agregada, enquanto a segunda considera o papel positivo da política econômica governamental no estímulo da demanda agregada – por meio de uma perspectiva de curto prazo –, destacando a existência de imperfeições no mercado. Essas imperfeições, por sua vez, levam a economia a operar em circunstâncias abaixo de seu potencial produtivo.

estudo de caso

Baseado nos conhecimentos adquiridos neste capítulo, reflita sobre o texto a seguir, publicado na Folha de São Paulo (Inflação..., 2011):

Inflação em alta

A forte elevação dos preços em 2010 exige atuação mais rigorosa do governo tanto na política monetária quanto no controle de gastos públicos. O novo governo começa com uma missão urgente na área econômica: conter a inflação que ameaça se generalizar. Os resultados recentes não são animadores. O IPCA, que mede a inflação oficial do consumidor, fechou 2010 em 5,9% contra 4,3% no ano retrasado. A meta, como se sabe, é de 4,5%, com tolerância de dois pontos percentuais.

É certo que parte importante da elevação dos últimos meses se deveu aos alimentos, cujos preços subiram 10,4% no ano em comparação com mais de 3% em 2009. Mas isso não é tudo. O setor de serviços enfrenta excesso de demanda, o mercado de trabalho está muito aquecido e é forte o crescimento da massa salarial.

Para este ano, as projeções de inflação ficam entre 5% e 6%, embora o grau de incerteza seja alto. Os preços dos alimentos devem continuar pressionados, tendo em vista os baixos estoques mundiais e os riscos climáticos. São comuns estimativas de alta entre 10% e 20% na cotação dos grãos. Nos serviços, apesar da perspectiva de uma correção moderada do salário mínimo, a escassez de mão de obra deve permanecer.

Há ainda o efeito da indexação, contra a qual o governo Lula nada fez. O IGP, índice que corrige itens de peso, como algumas tarifas públicas e aluguéis, chegou a mais de 10%. Por fim, na área de bens duráveis, o melhor desempenho que se espera da economia mundial e uma taxa de câmbio provavelmente menos valorizada devem favorecer aumentos. Na soma geral, não seria uma grande surpresa se a inflação deste ano se aproximasse ainda mais do teto da meta -6,5%. A margem de manobra, portanto, é estreita. Não há mais dúvida de que o Banco Central iniciará um necessário ciclo de elevação dos juros na reunião do Copom do dia 20. Espera-se um acréscimo de meio ponto percentual, que elevaria a taxa básica para 11,25% ao ano.

Um aspecto positivo a considerar são os sinais de que o novo governo não deixará todo o trabalho de combate à inflação a cargo da política de juros. As medidas recentes para conter o crédito e os cortes de gastos em estudo no Ministério da Fazenda deverão auxiliar o BC na tarefa de manter a evolução dos preços dentro da meta.

Mas não deve haver ilusões. Uma mudança mais profunda e persistente quanto ao papel que a política de controle das finanças públicas pode exercer no combate à inflação está longe de garantida. Mesmo que o enxugamento de despesas comece neste ano, será preciso dar tempo ao tempo para verificar até que ponto irá o ânimo do novo governo para conter a gastança do Estado.

questões para reflexão

1. Considerando as ideias discutidas neste capítulo, analise a conjuntura da economia brasileira em maio de 2011, em que a escalada dos preços ameaçou superar a meta de inflação determinada. Reflita sobre as possíveis causas dessa conjuntura e sobre as medidas aplicáveis.

2. Diante da necessidade de equilibrar oferta e demanda agregadas, com vistas a manter a estabilidade dos preços, qual a tarefa da política econômica de curto prazo relativa à gestão da demanda agregada de bens e serviços?

questões para revisão

1. Você acredita que a abordagem clássico-liberal e a teoria keynesiana – relativas ao aumento da renda/emprego – são antagônicas?

2. Qual o principal fator de crescimento do consumo? O que você entende por efeito multiplicador?

3. De que forma você relaciona o nível da taxa de juros e o investimento privado? Qual o papel do déficit público na determinação da taxa de juros?

4. Comente os principais fatores que determinam o comportamento das exportações líquidas (exportações **menos** importações).

7

mercado financeiro
e política monetária

(capítulo elaborado com base em Carvalho, 2000)

conteúdos do capítulo:

› Funções e evolução da moeda;
› Oferta primária de moeda pelo Banco Central e sua multiplicação nos bancos comerciais;
› Demanda de moeda;
› A determinação da taxa de juros no mercado monetário;
› Política monetária: teoria quantitativa da moeda e o regime de metas de inflação;
› Estrutura do sistema financeiro.

após o estudo deste capítulo, você será capaz de:

1. compreender a importância da política monetária e da estabilidade dos preços.

7.1 a moeda e suas funções

Em uma sociedade primitiva, baseada no escambo (troca direta de um bem por outro), o tempo para a concretização de uma transação comercial seria muito longo, com enorme desgaste de diversos aspectos. Imagine esta situação: diante de uma chuva repentina e inesperada, se você precisasse adquirir um guarda-chuva e pudesse dispor de apenas uma peça de roupa excedente (por exemplo, um agasalho), teria que encontrar alguém que tivesse um guarda-chuva excedente e desejasse trocá-lo por um agasalho com qualidades semelhantes às do seu. Esse tipo de coincidência mútua e complementar de necessidades poderia ocorrer, mas, evidentemente, é rara e submete os participantes a grandes dificuldades.

> Assim como a família é a instituição mais importante da vida social, e o Estado, da vida política, a moeda é a ferramenta mais importante da economia capitalista.

Em uma economia monetária, os indivíduos recebem suas remunerações em dinheiro e podem traçar seus planos com uma agilidade muito maior. Se desejam comprar um guarda-chuva, por exemplo, usam a moeda, que tem aceitação geral. Além disso, é mais fácil vender e comprar mercadorias e/ou serviços por meio desse recurso do que efetuar uma troca, que envolve a combinação dos mais diversos interesses. Isso facilita a especialização das atividades produtivas, fator de grande influência no aumento da produtividade.

Assim como a família é a instituição mais importante da vida social, e o Estado, da vida política, a moeda é a ferramenta mais importante da economia capitalista.

Dotada de grande mobilidade, ela permite a propriedade impessoal e anônima, além de viabilizar a produção e a troca de mercadorias (Sayad, 2001).

A moeda permite também que as transações sejam concluídas em tempos diferentes – com a separação da compra e da venda – e torna as trocas mais baratas e eficientes, fazendo com que a sociedade possa utilizar seu tempo e esforço para objetivos mais importantes. Dessa forma, a moeda exerce a função de **meio de pagamento (intermediária de troca)**.

Nas sociedades capitalistas modernas, a divisão do trabalho gerada pela especialização transformou a produção de mercadorias e serviços em um processo complexo, que exige grande esforço de coordenação entre os diversos participantes. A produção de uma única mercadoria (por exemplo, automóveis) exige a participação de inúmeras firmas, gerando contratos estabelecidos entre tais agentes. Essas relações, por sua vez, exigem data de entrega, especificações diversas e valor monetário dos pagamentos a serem efetivados. Da mesma forma, contratos entre firmas e bancos requerem limites de crédito, taxas de juros e pagamentos. Vale ressaltar também que existe algo em comum a todos os contratos, o que caracteriza outra função da moeda: a função **de unidade de conta** ou **medida monetária das transações**.

Em um restaurante, um supermercado ou um cinema, por exemplo, o dever de quem está obtendo a mercadoria e/ou o serviço é fazer o pagamento de acordo com a unidade de conta fixada a princípio. "A unidade de conta que é formalizada em todos os contratos traz implícita a ideia de que o valor monetário estabelecido para liquidação em data futura, terá a mesma capacidade de compra que apresenta no momento presente"

(Carvalho et al., 2007). Dessa forma, como representação de valor, a moeda deve ser estável, podendo, consequentemente, tornar-se **reserva de valor**. Essa função permite ao detentor de moeda a possibilidade de reter recursos pelo tempo que julgar conveniente, sem que isso lhe imponha custos adicionais.

7.2 evolução da moeda

À medida que as necessidades comerciais das sociedades tornaram-se mais sofisticadas, a moeda – instrumento facilitador das transações – evoluiu, mantendo características físicas próprias, descritas a seguir.

a) **Divisibilidade** – O fracionamento da moeda permite que as transações sejam realizadas sem custos adicionais.

b) **Durabilidade** –A aceitação da moeda não prejudica o último detentor.

c) **Dificuldade de falsificação** – Aumenta a confiança.

d) **Transportabilidade** – Facilita as trocas e não impõe custos adicionais para isso.

Além disso, é importante lembrar que o desenvolvimento tecnológico nos campos da informática e das telecomunicações viabilizou o dinheiro virtual na forma de cartões de débito automático e em processos de transferências eletrônicas em contas de depósitos – fator de grande relevância na redução dos custos operacionais e no aumento da segurança.

Figura 7.1 – Evolução da moeda

Fases da evolução da moeda
- Escambo e trocas diretas (fase pré-monetária)
- Moedas-mercadorias e metalismo
- Moeda-papel: conversibilidade plena
- Papel-moeda: conversibilidade eventual
- Moeda-escritural: cheques e transferências eletrônicas

A centralização das emissões pelos bancos centrais[1] derivou da necessidade de uniformizar a emissão de moeda, bem como de regular a circulação monetária, o que permitiu a criação da moeda fiduciária de curso forçado (cuja aceitação é obrigatória por lei), com a conversibilidade em ouro, prata ou outro metal. Esse recurso passou a ser eventual (papel-moeda) até ser finalmente extinto em 1971, quando o dólar norte-americano deixou de ser conversível em ouro (Carvalho; Silva, 2000).

Depois disso, os recursos depositados em estabelecimentos bancários passaram a ser movimentados de forma intensa por meio de cheques e, recentemente, cartões de débito e transferências eletrônicas (moeda escritural existente nos registros das instituições financeiras).

1 O aumento do número de bancos emissores fez com que quase todos os países concedessem a um banco central o monopólio das emissões. Essa etapa foi alcançada na Holanda, em 1814, na Inglaterra, em 1844, na França, em 1876, na Alemanha, em 1897, e nos Estados Unidos da América, em 1926 (Corazza, 2001).

7.3 oferta de moeda

A oferta de moeda (meio de pagamento) representa disponibilidade com liquidez imediata, isto é, que pode ser utilizada imediatamente para liquidar transações econômicas. Em sua forma clássica (o chamado M1²), os meios de pagamento englobam a moeda em poder do público (moedas metálicas e cédulas) e os depósitos à vista nos bancos comerciais (moeda escritural), ou seja, os haveres monetários que não rendem juros.

7.3.1 o banco central e a oferta primária de moeda

2 Os demais agregados monetários (quase-moeda ou haveres não monetários) são assim conceituados: M2 = M1 + depósitos a prazo + títulos públicos; M3 = M2 + depósitos de poupança; M4 = M3 + títulos privados em Poder do Público; (Carvalho et al., 2000, p. 8).

A emissão primária de moeda pelo Banco Central decorre de **operações ativas** típicas da autoridade monetária:

› compra e venda de moeda estrangeira – operações com exportadores e importadores, por exemplo;

› financiamento do Tesouro Nacional para cobertura dos gastos do governo;

› compra e venda de títulos públicos federais para controle da quantidade de moeda em circulação;

› como "emprestador" de última instância para os bancos comerciais, a fim de financiar necessidades imediatas de caixa.

Quadro 7.1 – Criação de base monetária pelo Banco Central

Banco Central	
Ativo	*Passivo*
1) Reservas internacionais	Base monetária
2) Tesouro Nacional	› Papel-moeda emitido
3) Títulos públicos federais	› Reservas bancárias
4) Redesconto e empréstimos	

7.3.2 oferta de moeda e bancos comerciais

Para a expansão da oferta monetária primária (base monetária), o sistema bancário gera a expansão múltipla de moeda escritural, cujo montante depende do comportamento do público e das reservas bancárias, como veremos no Quadro 7.2:

Quadro 7.2 – Expansão monetária pelos bancos comerciais

Bancos comerciais (R$)		
Depósitos	Reservas	Empréstimos
1.000,00	400,00	600,00
600,00	240,00	360,00
360,00	144,00	216,00
216,00	86,40	129,60
n		

A expansão da base monetária (R$ 1.000,00), em decorrência das operações típicas do Banco Central, gera um depósito (R$ 1.000,00) na rede bancária do país. Este, após dedução das reservas voluntárias e compulsórias[3], permite aos bancos comerciais[4] ampliar as operações de empréstimos que geram novo depósito (R$ 600,00) na rede bancária, e assim sucessivamente.

Dessa forma, a expansão primária da base (R$ 1.000,00) determina a multiplicação dos meios de pagamento, cujo montante é a soma dos depósitos 1, 2, 3...n.

3 Reservas voluntárias destinam-se às necessidades operacionais dos bancos, na forma de determinado percentual sobre depósitos à vista. Já as reservas compulsórias referem-se ao percentual sobre depósitos à vista, fixado legalmente pelo Banco Central, reduzindo a disponibilidade de recursos livres dos bancos comerciais para realizar negócios e conceder empréstimos.

4 Bancos comerciais são as instituições bancárias que operam com depósitos à vista.

O modelo da expansão monetária é o seguinte:

M = BM . k

em que:
M = meios de pagamento
BM = base monetária
k (multiplicador) = 1/R
R = percentual de reservas voluntárias + percentual de reserva compulsória

Assim, quando determinado banco concede um empréstimo, ele realiza uma operação meramente contábil, efetuando um lançamento na conta **depósitos à vista** e criando moeda escritural. Dessa forma, a redução das reservas voluntárias e das compulsórias como percentual dos depósitos à vista possibilita elevar o multiplicador, além de ampliar a condição dos bancos para conceder empréstimos.

perguntas & respostas

1. Quais os efeitos derivados de uma eventual redução das reservas compulsórias dos bancos comerciais pelo Banco Central?

A redução das reservas compulsórias pelo Banco Central aumenta as disponibilidades dos bancos comerciais, ampliando as possibilidades de empréstimos ao setor privado e estimulando o consumo e o investimento.

7.3.3 demanda de moeda

Reter moeda, isto é, manter a riqueza em forma de haveres monetários (M1), significa abrir mão do rendimento proporcionado pelos haveres não monetários (M2, M3, M4). Esse **custo de oportunidade** é explicado pelos seguintes **motivos principais**:

a) **Demanda de moeda para transações** – A primeira razão para os indivíduos reterem moeda é o fato de seus rendimentos não coincidirem no tempo com seus pagamentos. Por exemplo, uma pessoa que gasta o salário durante o mês, ao final do período apresenta disponibilidade zero. Assim, a quantidade média de moeda retida para as suas transações é igual a 1/2 do salário mensal, ou seja, 1/24 da renda monetária anual. Esse recurso é necessário para a realização de compras e vendas de bens e serviços, sendo a demanda por ele, para tais fins, uma fração da renda.

b) **Incertezas e demanda de moeda para precaução** – A segunda razão é a incerteza de datas e montantes dos recebimentos. A existência de encaixes para precaução aumenta a demanda de moeda. Além disso, esses encaixes de segurança dependem do nível de renda.

A demanda (retenção) de moeda relaciona-se negativamente com a taxa de juros. Taxas de juros mais altas representam um incentivo para a aplicação em títulos que têm rendimentos, diminuindo a demanda de moeda (em depósitos à vista no sistema bancário). Assim, para dada oferta de moeda, teremos uma determinada taxa de juros que representa um importante elemento para a coordenação das decisões de consumo e investimento.

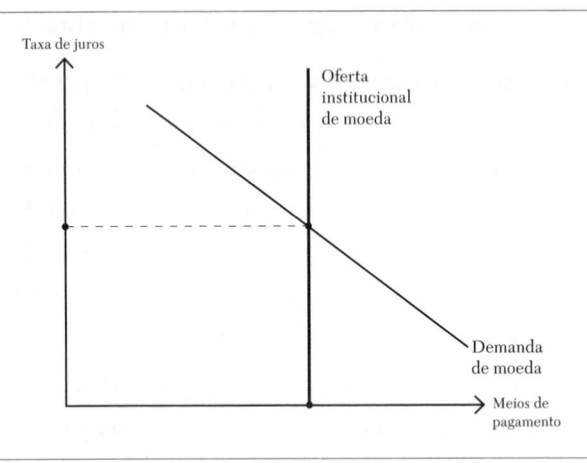

Figura 7.1 – Equilíbrio no mercado de moeda

7.3.4 política monetária

Mudanças na oferta institucional de meios de pagamento (determinadas pelo Banco Central), mediante de deslocamentos da base monetária e/ou das reservas compulsórias dos bancos comerciais, dada certa demanda de moeda, afetam, em primeira instância, as taxas de juros e, em seguida, o gasto de indivíduos e firmas, uma vez que a nova taxa de juros altera o custo dos financiamentos para consumo e investimento.

perguntas & respostas

2. Qual seria a consequência de uma forte redução da oferta monetária pelo Banco Central diante de determinado nível de demanda de moeda?

A redução da oferta monetária pelo Banco Central por meio da diminuição da base monetária e/ou elevação das reservas compulsórias reduz as possibilidades de empréstimos dos bancos comerciais so setor privado, agindo como instrumento de controle da demanda agregada.

7.3.5 teoria quantitativa da moeda

Desde seus primórdios, a teoria monetária procurou definir critérios de política com o debate voltado, principalmente, para as dificuldades de controlar a moeda, visando conter pressões inflacionárias, cujo perigo esteve sempre associado à possibilidade de emissão excessiva de papel-moeda.

> Juros mais altos aumentam os custos dos financiamentos, transmitindo sinais negativos aos potenciais investidores e consumidores.

Desenvolvida desde o século XVIII, a **teoria quantitativa da moeda (TQM)** estabelece que os preços variam diretamente com a quantidade de moeda em circulação.

Na TQM, a função desse recurso limita-se, essencialmente, a um meio de troca, transportando poder de compra ao longo do tempo. O nível absoluto de preços (**o produto X custa R$ 2,00 ou R$ 20,00?**) depende da quantidade monetária da economia.

5 A velocidade de circulação da moeda é o número de vezes em que o estoque desta passa de mão em mão, podendo ser dada pela expressão V = PIB / meios de pagamento. Assim, supondo-se um PIB de R$ 1.000 trilhão e um estoque de meios de pagamento (M) de R$ 500 bilhões, V será igual a 2.

6 Atuação de uma empresa em vários estágios do processo produtivo, desde a matéria-prima até o produto final, por exemplo.

Nesse contexto, a TQM mostra a relação entre o produto e o fluxo de moeda, conforme a seguinte expressão:

$$M.V = y . P$$

em que:

M = quantidade de moeda em circulação
V = velocidade de circulação da moeda
y = produto real
P = nível de preços

A velocidade de circulação da moeda[5] (V) é uma variável estável, que muda vagarosamente ao longo do tempo e depende de fatores institucionais, como o grau de verticalização[6] da economia. Assim, o nível de preços (P) é uma variável passiva, determinada pela oferta de moeda (M). Por sua vez, a elevação de M (V é estável), sem correspondente aumento da produção real (y), determina uma elevação de P (inflação).

7.4 o regime de metas de inflação

As transformações do mercado financeiro em escala internacional vêm dificultando o funcionamento de âncoras em termos de "metas monetárias", além de fragilizar a política monetária baseada apenas no controle dos meios de pagamento.

Em consequência, vem sendo adotado por alguns países o regime de metas de inflação (*inflation targeting*), que coloca a estabilidade de preços (inflação em baixos patamares) como a principal medida de política monetária a curto prazo, escolhendo a taxa de juros como principal instrumento de controle.

Ao estabelecer a meta inflacionária de forma transparente, a autoridade monetária fica menos sujeita a ações discricionárias e oferece maior resistência às pressões políticas. Por outro lado, sem a camisa de força de regras rígidas quanto aos agregados monetários, existe maior adaptabilidade dos meios no que diz respeito aos fins desejados.

> Nas sociedades modernas, os investimentos resultam da decisão de produzir máquinas e equipamentos, construir edificações, instalar infraestruturas e preparar capital humano, com vistas à acumulação de riqueza.

Reduzir a inflação com a elevação da taxa de juros não é muito difícil. Juros mais altos aumentam os custos dos financiamentos, transmitindo sinais negativos aos potenciais investidores e consumidores. A combinação de altas taxas de juros com a redução dos gastos públicos (política fiscal) é capaz, portanto, de reduzir rapidamente a inflação, mas causa também a redução dos gastos, a desaceleração da economia e a elevação dos níveis de desemprego (Canuto; Holland, 2002).

7.5 sistema financeiro

(seção elaborada com base em Vasconcellos e Garcia, 2004)

Nas sociedades modernas, os investimentos resultam da decisão de produzir máquinas e equipamentos, construir edificações, instalar infraestruturas e preparar capital humano, com vistas à acumulação de riqueza.

Por isso, a existência de um sistema financeiro eficiente e diversificado é uma condição essencial para atrair poupanças internas e internacionais, indispensáveis para transformar esses recursos em investimentos produtivos.

Do ponto de vista organizacional, o sistema financeiro nacional está dividido em **dois subsistemas**.

a) **O subsistema normativo** é composto pelo Conselho Monetário Nacional, pelo Banco Central do Brasil e pela Comissão de Valores Mobiliários (CVM).

b) **O subsistema operativo** é composto pelos seguintes mercados:

> *Mercado monetário*: local onde são realizadas operações de curtíssimo prazo para suprir necessidades imediatas de caixa dos diversos agentes econômicos, principalmente das próprias instituições financeiras.

> *Mercado de crédito*: ambiente onde são atendidas as necessidades de recursos para financiamento do consumo e do capital de giro das empresas. Os financiamentos de investimentos de longo prazo são atendidos, principalmente, pelo Banco Nacional de Desenvolvimento Econômico e Social (BNDES).

> *Mercado de capitais*: ambiente onde são realizadas colocações diretas de títulos de propriedade (ações) ou de dívida (bônus, debêntures etc.) para redução dos custos associados às operações individualizadas de crédito. As operações do mercado de capitais exigem regras de padronização, procedimentos transparentes e informações públicas aos investidores.

> *Mercado de câmbio*: nesse segmento, são realizadas a compra e a venda de moedas estrangeiras necessárias às operações internacionais, por meio das instituições (bancos e casas de câmbio) autorizadas pelo Banco Central.

> Mercado de seguros, capitalização e previdência privada: nesse mercado, são captados recursos para a cobertura de finalidades específicas, como proteção de riscos (seguros), capitalização, pensões e aposentadorias (previdência privada).

síntese

O capitalismo é um sistema baseado em contratos, e a eficiência de seu funcionamento depende, fundamentalmente, da existência de uma unidade de conta (a moeda) estável. Desse objetivo, decorre a necessidade de uma política monetária voltada a preservar a integridade da moeda nacional, o que, juntamente com um sistema financeiro eficiente, constitui uma base segura para o cumprimento dos demais propósitos macroeconômicos de produção, emprego, crescimento e equidade.

Uma moeda saudável é, hoje, um objetivo internacionalmente reconhecido como pré-condição para a estabilidade política e econômica de um país. Nesse contexto, embora o controle dos meios de pagamento seja tradicionalmente adotado, atualmente alguns países têm optado pelo sistema de metas de inflação, no qual a taxa de juros é a principal medida de política monetária para promover a estabilidade dos preços.

estudo de caso

Reflita sobre o editorial a seguir, publicado no jornal *Valor Econômico* em janeiro de 2011 (É preciso..., 2011):

É preciso comedimento no novo ciclo de alta dos juros

O Comitê de Política Monetária do Banco Central elevou a taxa básica de juros para 11,25%, em um movimento amplamente aguardado pelo mercado. O BC sinalizou que se trata apenas do início de um ciclo de ajuste, cuja duração e intensidade não se sabe. Há bons motivos para supor que a Selic não subirá muito porque o aumento dos juros está sendo coadjuvado desta vez por medidas de prevenção cujos efeitos são limitar o crédito e encarecê-lo. A julgar pelo sempre conciso comunicado do Copom, elas integrarão o arsenal do BC no processo de levar a inflação dos 5,91% de volta para o centro da meta de inflação, 4,5%.

Há vários fatores pressionando a inflação. As *commodities* são o elemento mais estridente, em especial as agrícolas, atingidas por uma série de problemas climáticos em várias partes do globo. O Índice Commodities Brasil, do BC, aponta alta de 29,2% em 12 meses encerrados em novembro, e de 35,7% para bens agropecuários. O S&P GSCI agrícola aponta elevação menor, mas significativa, de 22,1%.

Não há muito a fazer diante desse choque de oferta que, no entanto, ocorre em um momento em que a demanda brasileira está claramente aquecida. O BC estimou os efeitos dos choques nas *commodities* sobre o IPCA e chegou à conclusão que eles atingem seu pico no mês seguinte aos aumentos e, por outro lado, tornam-se nulos após o quinto mês. Por essa medida, é possível que no segundo semestre a inflação dos alimentos esteja mais tranquila, caso não ocorram novos choques nos preços.

questões para reflexão

1. Como você relacionaria o processo de evolução da moeda com a atual divisão do trabalho e a crescente especialização vigente nas sociedades modernas?

2. Que razões você considera relevantes para a adoção do regime de metas de inflação pelo Banco Central do Brasil?

questões para revisão

1. Considerando a importância do controle da moeda para a determinação da taxa de juros, estabeleça algumas medidas que podem promover a expansão/contração dos meios de pagamento.

2. Qual é o papel do Banco Central na determinação da taxa de juros?

3. O que você entende por política monetária?

4. Como podemos relacionar teoricamente a expansão dos meios de pagamento e a elevação dos preços (inflação)?

8

comércio internacional
e câmbio

conteúdos do capítulo:

> A evolução das práticas comerciais internacionais;
> O protecionismo no comércio internacional;
> A integração econômica internacional e suas etapas;
> A contabilidade das transações internacionais e o Balanço de Pagamentos do Brasil;
> O conceito de desequilíbrio externo;
> O mercado de câmbio e a formação da taxa cambial.

após o estudo deste capítulo, você será capaz de:

1. entender o *trade off*: livro comércio x protecionismo;
2. entender o processo de integração e a formação dos blocos de comércio;
3. interpretar os resultados do balanço de pagamentos;
4. compreender a formação da taxa de câmbio.

8.1 livre-comércio ✕ protecionismo

Vendo a economia mundial como um sistema global de comércio, podemos fazer a seguinte pergunta: **Por que o comércio internacional ocorre? Há realmente ganhos com ele? A globalização, em seu aspecto comercial[1], é uma ameaça ou uma oportunidade?**

> 1 Entendida como a redução de normas e restrições que protegiam firmas nacionais ante seus concorrentes estrangeiros, mediante cotas ou proibições de importar, elevadas tarifas alfandegárias de importação ou incentivos e subsídios à produção nacional.

Até meados do século XVIII, predominavam as sociedades agrícolas. As manufaturas, quando existentes, tinham caráter doméstico, limitado ao setor têxtil. O comércio internacional – viabilizado apenas para mercadorias de alta relação valor/peso – era dominado pela visão estática, no sentido de que o poder nacional e sua principal riqueza estavam ligados ao entesouramento de metais preciosos, capazes de financiar um estado de guerra permanente. Esse objetivo somente era possível por meio de superávits comerciais, que sujeitavam a atividade à estrita regulamentação e estatização. O entendimento era de que os ganhos comerciais de um país correspondiam às perdas de outro.

8.1.1 transição para o liberalismo

A Revolução Industrial – caracterizada pelo surgimento de grandes inovações tecnológicas no Reino Unido –, no século XVIII, teve como consequência o excepcional aumento da produtividade, que por sua vez criou a necessidade de abrir mercados para absorver a crescente produção. Isso propiciou o surgimento de um novo paradigma: o do capitalismo industrial propriamente dito, com predomínio do individualismo na busca do lucro.

Com isso, a especialização e a exploração de **vantagens absolutas** passaram a ser os novos determinantes econômicos para a elevação dos níveis de eficiência e bem-estar. Além disso, o comércio internacional começou a ser visto não mais como uma disputa guerreira – na qual um ganhava e outro perdia – mas sim como um processo de transformação, em que produtos gerados com menor custo poderiam ser exportados, adquirindo-se, assim, outros no exterior, cuja produção interna só seria possível com custos mais elevados. Segundo Adam Smith, cada país deve especializar-se na produção de mercadorias nas quais tenha vantagem absoluta – produzidas com maior eficiência –, e importar aquelas em que tenha desvantagem absoluta – ou seja, que produz menos eficientemente (Carvalho; Silva, 2000).

A situação descrita por Adam Smith, que foi revista por David Ricardo (1996) e resultou na doutrina clássico dos custos comparativos, embora lógica, não abrange toda a complexidade do mundo real. Dentro desse contexto, na obra *Princípios de economia política e tributação* (original de 1817), David Ricardo apresentou a **Teoria das Vantagens Comparativas**, que explica o comércio mesmo entre países sem vantagem absoluta na produção de nenhum bem. Ricardo percebeu que, mesmo que um país seja, de forma absoluta, mais eficiente em várias linhas de produção, é mais interessante para ele concentrar-se naqueles itens em que é relativamente mais eficiente – isto é, que produza com custos menores –, pois o comércio internacional é mutuamente vantajoso, mesmo quando um dos países pode produzir cada mercadoria a custos inferiores aos do outro país (Carvalho; Silva, 2000).

A situação está simplificada no Quadro 8.1, para dois países e dois produtos.

Quadro 8.1 – Teoria das vantagens comparativas

Custo de 1 unidade	Alimentos	Produto manufaturado
País A	12	24
País B	10	10

ou seja,

O **país B** tem vantagem absoluta (é mais eficiente) em ambas as linhas de produção, nas quais possui custo mais baixo do que A. Entretanto, a vantagem absoluta em manufaturados é maior (custo relativo = 10/24) do que em alimentos (custo relativo = 10/12). Especializando-se em manufaturados (a vantagem comparativa), **B** pode trocar 1 unidade desse produto – que, internamente, "vale" 1 unidade de alimento (ambos custam 10 em B) – por 2 unidades de alimentos (manufaturados custam 2 vezes mais do que alimentos em A).

Da mesma forma, **A** – especializando-se em alimentos – poderia trocar 1 unidade (que, internamente, vale 0,5 unidade de manufaturado, pois a relação de custos é 12/24) por outra de manufaturado em **B** (em que vigora a relação de custos 10/10).

Dessa forma, ambos os países obteriam vantagens comerciais, sendo que o preço efetivo de mercado depende das quantidades transacionadas, estando situado em um ponto entre os extremos apresentados no exemplo.

Embora a teoria seja relativamente estática, deixando de considerar a evolução das estruturas produtivas e as alterações relativas de preços[2], a abordagem considera que o comércio internacional também é um fator de distribuição de renda. Isso porque países subdesenvolvidos – onde a mão de obra tem custo baixo – podem obter vantagens comparativas na exportação de mercadorias que utilizem intensivamente o fator **trabalho** (calçados, por exemplo). Assim, eles aumentam a utilização de mão de obra nas linhas de produção destinadas ao mercado externo, de modo a valorizar e a elevar a sua remuneração.

Além disso, a abertura de mercados locais para o comércio internacional tende a torná-los ainda mais competitivos, pois as firmas nacionais são pressionadas a se tornarem cada vez mais produtivas, o que beneficia a sociedade como um todo (Caves; Frankel; Jones, 2001).

> 2 Autores chamados *estruturalistas* consideram que a especialização com base em vantagens comparativas prejudica os países exportadores de produtos básicos, com menor elasticidade-renda da procura. Isso leva à deterioração dos termos de troca, favorecendo os países desenvolvidos – exportadores de bens com maior conteúdo tecnológico (Vasconcellos, 2002, p. 356).

8.1.2 protecionismo

Os modelos teóricos mostram como os países podem se beneficiar com o livre-comércio. Em geral, existe a pressuposição de que ele maximiza a eficiência e, portanto, o bem-estar. Existem, porém, circunstâncias políticas e econômicas (apoiar indústrias nascentes[3] ou preservar setores importantes e/ou estratégicos incapazes de fazer frente à concorrência internacional) que determinam a aplicação de medidas restritivas ao livre-comércio.

> 3 Indústrias nascentes representam um conjunto de firmas capaz de adquirir vantagens comparativas após o tempo de maturação necessário ao desenvolvimento de escala eficiente de produção.

A seguir, são descritas algumas medidas aplicáveis destinadas a preservar indústrias locais não competitivas, caracterizando-se como **formas de protecionismo** (Caves; Frankel; Jones, 2001).

a) **Concessão de incentivos e subsídios às exportações** – Embora a regra geral seja: "não se exporta imposto", isto é, produtos exportáveis são geralmente isentos de tributação, a concessão

> 4 Entendidos como transferências governamentais equivalentes à diferença entre o preço de mercado e o preço praticado.

de subsídios diretos[4] às exportações, para fins de baratear artificialmente produtos exportáveis, é considerada uma prática não ética de comércio, sujeitando o país infrator às sanções cabíveis, no âmbito das instituições multilaterais de negociação.

b) **Imposição de restrições tarifárias às importações** – Restrições tarifárias são entendidas como sobrepreço aplicado às importações na forma do imposto de importação, apresentando os seguintes efeitos:

> os consumidores perdem com a redução do consumo e a alta do preço do produto importado;

> os produtores domésticos ganham com o aumento da produção, pois são protegidos artificialmente da concorrência externa;

> o governo ganha com o aumento da receita tributária sobre bens importados;

> existem ainda ganhos sociais: a absorção da mão de obra antes empregada fora da economia de mercado e o efeito multiplicador da produção doméstica.

c) **Restrições não tarifárias** – Representam medidas de caráter administrativo (proibições gerais ou seletivas, cotas de importação, exigências de padrões de embalagem e fitossanitárias etc.), cuja aplicação exprime uma possibilidade de intervenção governamental para restringir importações.

Como forma de protecionismo, as barreiras não tarifárias são indesejáveis, pois, ao contrário das tarifas aduaneiras, apoiam-se em regras não definidas na legislação nacional, determinadas por critérios políticos. Controladas direta ou indiretamente pelo governo, elas discriminam o produto estrangeiro, restringindo ou alterando o seu volume, a sua composição e o destino do comércio internacional.

8.1.3 coordenação e integração

No final da Segunda Guerra Mundial, houve a determinação multilateral e coletiva de uma nova ordem econômica. Na histórica Conferência de Bretton Woods, em New Hampshire (EUA), que aconteceu em 1944, foram criadas duas organizações para a coordenação da economia internacional: o **Fundo Monetário Internacional (FMI)** – voltado às questões monetárias – e o Banco Internacional de Reconstrução e Desenvolvimento (Bird) ou **Banco Mundial**, com o objetivo de promover fluxo de empréstimos e, assim, restaurar o mercado internacional de capitais. Além disso, planos para a criação de uma Organização Internacional do Comércio originaram a Conferência de Genebra, em 1948, da qual emergiu o Acordo Geral de Tarifas e Comércio (GATT)[5], organismo criado para negociar a redução das tarifas aduaneiras e resolver disputas comerciais entre países (Williamson, 1989).

Uma série de tratados internacionais vem formalizando também a formação de blocos comerciais com o objetivo genérico de liberalizar o comércio e promover a prosperidade. Em 1957, por meio do Tratado de Roma, alguns países europeus[6] a nota correspondente está na página anterior. rever: ou trazer a nota para esta página ou enviar esta linha para a página anterior. decidiram integrar suas economias por meio da criação da Comunidade Econômica Européia (CEE), visando promover o

5 Posteriormente, na década de 1990 o GATT foi substituído pela Organização Mundial do Comércio (OMC), que formalizou os acordos existentes e ampliou as bases das negociações internacionais (Caves; Frankel; Jones, 2001).
6 Bélgica, França, Alemanha, Itália, Luxemburgo e Holanda.

> [7] Com a terceira maior população global – 450 milhões de habitantes –, os 25 países têm PIB de US$ 12,6 trilhões [O PIB dos EUA é de cerca de US$ 11,5 trilhões] (Moraes, 2004).

livre-comércio regional, permitir a livre movimentação do fator **trabalho** e de capitais e harmonizar tanto uma tarifa externa comum como a política econômica dos países-membros (Williamson, 1989). Posteriormente, a CEE evoluiu para a União Europeia, que é constituída atualmente de 25 países[7].

Diante desse contexto, vários acordos foram sucessivamente formalizados e iniciaram processos de integração: Acordo de Livre-Comércio da América do Norte (Nafta); Mercado Comum do Sul (Mercosul) – que foi criado pelo Tratado de Assunção – em 1991, e é constituído por Brasil, Argentina, Paraguai, Uruguai e Venezuela; Associação Latino-Americana do Livre-Comércio (Alalc); Mercado Comum Centro Americano (MCCA); Grupo Andino; Associação das Nações do Sudeste Asiático (Ansa) etc.

Visando, em última análise, o desenvolvimento de seus países-membros por meio do incremento do comércio regional, tais processos de integração – cuja taxonomia pretende-se apresentar no Quadro 8.2 – obedecem a etapas distintas, com objetivos definidos, procurando ampliar a escala de produção, realocar fatores produtivos e equalizar rendas (Williamson, 1989).

Quadro 8.2 – Etapas da integração regional

1. Área de livre-comércio	› Eliminação gradativa das tarifas aduaneiras nas transações intrarregionais, mantida a independência relativa a terceiros países.
2. União aduaneira	› Adoção de tarifa externa comum para importações oriundas de terceiros países. › Harmonização da política comercial.

(continua)

(Quadro 8.2 – conclusão)

3. Mercado comum	› Livre movimentação de fatores produtivos (capital e mão de obra) entre os países signatários do acordo de integração.
4. Comunidade econômica	› Harmonização das políticas econômicas adotadas pelos países-membros.
5. União econômica	› Unificação das políticas econômicas dos países-membros. › Adoção de moeda comum. › Subordinação às instituições supranacionais.

8.2 balanço de pagamentos

(seção elaborada com base em Caves, Frankel e Jones, 2001)

Na atualidade, como os fluxos comerciais (exportação e importação) e de capitais assumem um papel cada vez mais importante na economia internacional, a disponibilidade de divisas, ou seja, de moedas estrangeiras livremente aceitas no comércio internacional, é uma questão crucial em tempos atuais. Quando submetidos a situações de fragilidade em suas contas externas, os países veem-se obrigados a recorrer a instituições multilaterais de apoio (FMI) e a submeter suas economias a ajustes, de forma a recuperar sua capacidade de pagamento em moeda estrangeira, o que torna esse problema importante e urgente.

O balanço de pagamentos é o documento que registra as transações internacionais (fluxos de divisas), tendo como principal objetivo informar a movimentação e as disponibilidades em moedas estrangeiras, com o intuito de subsidiar as decisões de política econômica.

8.2.1 estrutura contábil

A estrutura contábil apresentada no Quadro 8.3 mostra como são consolidadas as transações realizadas com o exterior, representando um retrato das contas externas em dado momento.

Quadro 8.3 – Estrutura básica do balanço de pagamentos

1 *Transações Correntes (A+B+C)*
   A) Balança comercial
      Exportações
      Importações
   B) Serviços (Líquidos)
      Viagens internacionais
      Transportes
      Seguros
      Governamentais
      Rendas de capitais (juros, lucros)
      Diversos (aluguel de filmes, aquisição de *software*, patentes etc.)
   C) Transferências (Líquidas)

2 *Capitais Autônomos*
      Investimentos
      Empréstimos
      Financiamentos
      Outros

3 *Erros e Comissões*

4 *Saldo: superávit/déficit (1+2+3)*

5 *Financiamento Compensatório*
      Empréstimos oficiais
      Reservas
      Outras operações

Fonte: Lanzana, 2005.

> Enquanto a **balança comercial** registra os fluxos comerciais de mercadorias, a **balança de serviços** apresenta o fluxo líquido das compras e vendas de serviços (inclusive as remunerações do fator **capital**), tanto os recebidos como os enviados (juros, lucros). Os enviados, por sua vez, têm grande importância em países com elevada dívida externa e/ou que são destinatários de expressivos volumes de capital de risco (empresas multinacionais).

> **Transferências unilaterais** referem-se, principalmente, às remessas de migrantes e donativos recebidos ou enviados.

> O saldo das **transações correntes** é a soma algébrica do movimento comercial (mercadorias e serviços) e das transferências. Em caso de resultado negativo (déficit), há, concretamente, uma saída líquida de divisas, que deve ser financiada (coberta) por uma entrada correspondente a capitais autônomos (privados) ou compensatórios (de origem oficial: FMI ou reservas próprias acumuladas).

Com base na estrutura apresentada, vamos examinar os resultados do balanço de pagamento do Brasil no período de 2001 a 2005, evidenciados na Tabela 8.1.

Tabela 8.1 – Balanço de pagamentos do Brasil

(US$ Milhões)		2001	2002	2003	2004	2005	2006	2007
1	Balança Comercial (1.1+1.2)	2.642	13.127	24.794	33.639	44.702	46.456	40.032
1.1	Exportação	58.223	60.362	73.083	96.474	118.308	137.807	160.649
1.2	Importação	(55.581)	(47.235)	(48.290)	(62.835)	(73.606)	(91.351)	(120.617)
2	Serviços (líquidos) (2.1 a 2.8)	(27.502)	(23.229)	(23.229)	(25.198)	(34.276)	(37.143)	(40.570)
2.1	Rendas de capitais	(19.839)	(18.292)	(18.661)	(20.702)	(26.182)	(27.666)	(28.358)
2.2	Lucros	(4.961)	(5.162)	(5.641)	(7.338)	(12.686)	(16.354)	(21.236)
2.3	Juros	(14.878)	(13.130)	(13.020)	(13.364)	(13.496)	(11.312)	(7.122)
2.4	Viagens Internacionais	(1.468)	(398)	218	351	(858)	(1.448)	(3.258)
2.5	Transportes	(2.967)	(2.040)	(1.746)	(1.986)	(1.950)	(3.126)	(3.811)
2.6	Seguros	(275)	(420)	(436)	(544)	(568)	(430)	(766)
2.7	Governamentais	(652)	(252)	(151)	(180)	(755)	(450)	(1.531)
2.8	Diversos	(2.301)	(1.827)	(2.864)	(2.137)	(3.963)	(4.023)	(2.846)
3	Transferências (líquidas)	1.638	2.390	2.867	3.268	3.558	4.306	4.086
4	Transações correntes (1+2+3)	(23.222)	(7.712)	4.021	11.709	13.984	13.619	3.548
5	Capitais externos	27.052	8.004	5.543	(7.330)	(9.464)	15.982	88.935
6	Erros e omissões	(530)	(65)	(1.110)	(2.137)	(202)	966	(5.006)
7	Resultado (4-2-6)	3.300	227	8.454	2.242	4.318	30.567	87.477

Fonte: Conjuntura Estatística..., 2006.

O comportamento da balança comercial, dos serviços e das transferências determinou, em 2001 e 2002, resultados negativos nas transações correntes (saída líquida de divisas), financiados pelo ingresso de capitais do exterior em valor superior ao déficit verificado nas transações correntes. Essa entrada de capitais externos determinou um saldo final positivo do balanço de pagamentos e, consequentemente, uma acumulação de reservas internacionais em moeda estrangeira.

Podemos observar, então, que houve dedução de erros e omissões, valores decorrentes da deficiência de informação e da existência de transações não concluídas e em fase de conciliação pelo Banco Central – órgão responsável pelo registro do balanço de pagamento.

Em 2004 e 2005, houve a saída líquida de capitais para o exterior, compensada pelo saldo positivo em transações correntes, resultando, ainda, na acumulação de reservas próprias.

8.2.2 desequilíbrios externos

Desequilíbrios externos são aqui conceituados como saldos negativos nas transações correntes, não financiados por capitais privados autônomos, ocasionando perda de reservas ou necessidade de financiamento oficial (FMI).

Suas principais **causas** são:

a) **Perda da competitividade das exportações** – Processo gerado pela alta dos preços internos em nível superior à elevação dos preços internacionais, alterando a relação de competitividade. Pode ser causado por vários fatores, como política cambial, inflação, atraso tecnológico, problemas de logística, infraestrutura deficiente etc.

b) **Desequilíbrios cíclicos conjunturais** – São variações ocorridas nas exportações ou no fluxo de capital externo, que podem ser causadas por períodos de queda da renda nos principais países importadores, por alterações desfavoráveis dos preços no mercado internacional e pelo aumento na taxa de juros internacional, por exemplo.

c) **Variações estruturais:**
> alterações no fluxo de exportações/importações decorrentes do protecionismo praticado pelos nossos parceiros comerciais. Podem se referir ao esgotamento de recursos internos destinados à exportação, ao lançamento de sucedâneos às nossas exportações, e a alterações nas preferências dos consumidores;

> variações no fluxo de capital estrangeiro determinadas por mudanças na percepção do risco-país e/ou da conjuntura externa adversa (alta dos juros nas economias centrais, por exemplo).

8.3 mercado de câmbio
(seção elaborada Garófalo Filho, 2005)

As operações cambiais envolvem a troca de moeda nacional por moedas estrangeiras de livre conversibilidade[8] (e vice-versa) em um mercado específico.

8 Conversibilidade refere-se à aceitabilidade internacional e generalizada da moeda, derivada de condições políticas e econômicas do país emissor, considerando-se também a sua participação e importância no comércio mundial.

Os principais agentes do mercado de câmbio – os compradores e os vendedores de moedas estrangeiras – são intermediados pelos bancos operadores – sob supervisão e controle do Banco Central – e realizam as **operações** destacadas a seguir:

a) Exemplos de transações que geram **demanda** de moeda estrangeira:
> importações de bens e serviços;
> turismo emissivo;
> pagamentos diversos no exterior (remessas de lucros, juros e outros serviços, manutenção de pessoas no exterior etc.);
> amortização e pagamento de empréstimos e financiamentos;
> investimentos no exterior, realizados por residentes no país, ou retorno de investimentos estrangeiros para os países de origem.

b) Exemplos de transações que geram **oferta** de moeda estrangeira:
> exportações de bens e serviços;
> turismo receptivo;
> captação de recursos externos (empréstimos e investimentos de empresas estrangeiras realizados no país);
> recebimentos diversos.

8.3.1 formação das taxas cambiais

A **taxa de câmbio** é o preço de uma unidade de moeda estrangeira. Em princípio, como podemos ver no Gráfico 8.1, ela é determinada pelo encontro da oferta e da demanda de moeda estrangeira no mercado de câmbio.

Gráfico 8.1 – *Representação do mercado de câmbio*

[Gráfico: eixo vertical "Taxa de câmbio", eixo horizontal "Moeda estrangeira", curvas de Oferta e Demanda cruzando-se no ponto de equilíbrio.]

Em termos conceituais, a taxa de câmbio é equilibrada quando reflete a competitividade externa do país e a confiança sobre os fatores macroeconômicos fundamentais da economia.

Considerada um dos preços relativos básicos de toda economia de mercado, a taxa de câmbio (E) deriva do comportamento da oferta e da demanda de moeda estrangeira, cujos deslocamentos (aumento e/ou redução das exportações, ingresso e/ou saída de capitais estrangeiros etc.) reduzem o preço da moeda estrangeira (apreciação da moeda nacional) ou o aumentam (depreciação da moeda nacional).

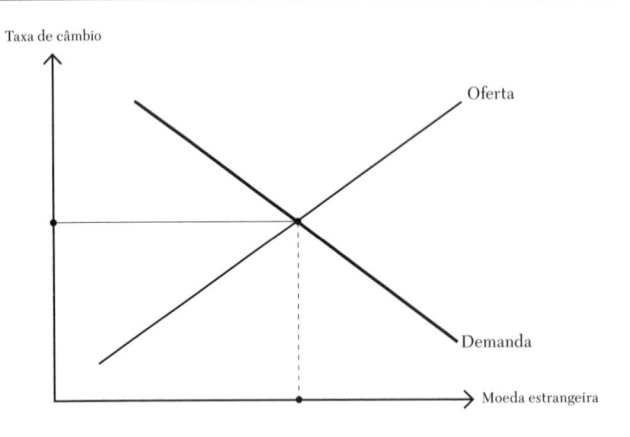

Em termos conceituais, a taxa de câmbio é equilibrada quando reflete a competitividade externa do país e a confiança sobre os fatores macroeconômicos fundamentais da economia.

De difícil instrumentalização, esse enunciado envolve empecilhos práticos para estipular a **taxa de câmbio de equilíbrio**.

Essa questão tem sido resolvida por meio de dois caminhos básicos: pelo sistema de preços, mediante o encontro da oferta e da demanda de divisas no mercado cambial – como mostrado no Gráfico 8.1 (**câmbio flutuante**) –, ou pelo arbitramento do Banco Central (**câmbio fixo**), desconsiderando-se, nesse caso, o mecanismo básico de formação de preços.

Sendo o preço da moeda estrangeira uma das variáveis mais importantes da economia, mesmo no caso da adoção do sistema de câmbio flutuante, ele está sujeito a intervenções pontuais por parte das autoridades monetárias (**flutuação suja**), o que requer compras e vendas de divisas por parte do Banco Central para o direcionamento das cotações dentro de parâmetros predeterminados.

No caso do sistema de câmbio fixo, frequentemente a desconsideração do sistema de preços leva à formação de uma taxa cambial desequilibrada, o que enseja a formação de **mercados paralelos** (formados por instituições não autorizadas a operar na compra e na venda de moedas estrangeiras), em que o preço praticado reflete a verdadeira percepção dos agentes.

perguntas & respostas

1. **Quais as consequências de uma forte e súbita saída de capitais estrangeiros – determinada por fatores internos ou externos – para o Balanço de Pagamentos Brasileiro? Na eventualidade de ocorrer esse fato, o que aconteceria com a taxa de câmbio R$/US$?**

A eventual e forte saída de capitais do país (*coeteris paribus*), determinada por fatores internos ou externos, determina o agravamento dos resultados do balanço de pagamentos, que, por sua vez, pode apresentar resultados finais negativos, tornando a moeda estrangeira escassa. Além disso, essa situação reflete no mercado de câmbio, pois desloca a curva de demanda da moeda estrangeira, o que causa a depreciação da moeda nacional (mais R$ por US$) e provoca reflexos no custo das importações.

síntese

Neste capítulo, procuramos demonstrar a grande importância do comércio e dos fluxos de capitais internacionais que possibilitam a maior eficiência da economia, por meio da especialização e do aumento da produtividade. Vimos que os problemas externos são urgentes e necessitam de acompanhamento permanente, possibilitado pelo registro padronizado das transações. Verificamos também que a existência de várias moedas é um fator complicador para o comércio internacional, situação minimizada pela existência do mercado de câmbio, cujo principal papel é viabilizar pagamentos e recebimentos em diferentes moedas.

estudo de caso

Com base no texto a seguir, veiculado na *Folha Online* (Dólar..., 2011), reflita sobre a formação da taxa de câmbio do dólar norte-americano:

Dólar inicia mês em queda e fecha a R$ 1,66; Bovespa sobe 1,95%

A taxa de câmbio doméstica pode ter se aproximado hoje o mais resistente "piso psicológico" dos últimos anos no mercado de moeda. Profissionais de mercado acreditam que o "sinal amarelo" acende para as autoridades econômicas quando o dólar começa a se aproximar de R$ 1,65.

No mês passado, comprando dólares diariamente no mercado à vista e multiplicando suas intervenções no mercado futuro, entre outras medidas, o governo "conseguiu" que o dólar subisse 0,48%. O BC também manteve a prática de dois leilões diários para compra de moeda, por volta das 12h30 (hora de Brasília) e 15h45. Amanhã, a autoridade monetária deve informar as quantias adquiridas junto aos agentes financeiros, mas com dados atualizados até a semana passada.

Para fevereiro, a expectativa dos profissionais do câmbio é de que o BC volte a fazer leilões para compra de dólares no mercado a termo, o que pode contribuir para "travar" o preço do dólar num patamar mais alto.

questões para reflexão

1. Quais as consequências percebidas no processo de liberalização da economia brasileira a partir do início dos anos 1990?

2. No que consiste e qual a razão do acúmulo de reservas cambiais, verificado no Brasil nos últimos anos?

questões para revisão

1. Relacione o processo de abertura da economia brasileira (redução de barreiras às importações) com a melhoria da competitividade das indústrias nacionais.

2. Que setores seriam beneficiados com o aumento das barreiras tarifárias e com a aplicação de restrições não tarifárias nas importações brasileiras?

3. Você considera que o Mercado Comum do Cone Sul (Mercosul) tem objetivos diferentes dos propostos por uma área de livre-comércio?

4. Que efeitos você acredita que a depreciação (mais R$ por US$) da moeda nacional teria sobre as exportações e importações brasileiras?

9 desenvolvimento econômico e economia brasileira

conteúdos do capítulo:

> Conceitos de crescimento econômico e desenvolvimento;
> Fontes do crescimento econômico;
> Panorama da evolução da economia brasileira.

após o estudo deste capítulo, você será capaz de:

1. diferenciar os conceitos de crescimento econômico e desenvolvimento;
2. analisar as condições para o crescimento econômico;
3. entender as várias fases que caracterizam a evolução da economia brasileira.

9.1 crescimento × desenvolvimento econômico

A ideia de **crescimento econômico** coincide com o advento do capitalismo como sistema econômico dominante, em meados do século XVIII. Esse sistema provocou contínuas mudanças tecnológicas e acumulação de capital.

Embora, atualmente, a maioria das nações apresente crescimento da produção em longo prazo, as taxas de aumento variam significativamente de uma nação para outra. Com uma taxa de 1% ao ano, a renda *per capita* é duplicada em 70 anos, mas, se o crescimento for de 5% ao ano, isso acontecerá em apenas 15 anos.

Para avaliar a importância da diferença no crescimento do PIB das várias nações, vamos considerar que, em 1895, a renda *per capita* da Argentina era "quase igual à da Bélgica, Holanda e Alemanha Ocidental e maior do que a da Áustria, Itália, Noruega, Espanha, Suécia e Suíça" (Sachs; Larrain, 1998). Em 1989, 94 anos depois, a renda *per capita* da Argentina era 4 vezes menor que a da Espanha e 14 vezes menor que a da Suíça (Sachs; Larrain, 1998).

Enquanto o crescimento representa a simples variação quantitativa do Produto Interno Bruto (PIB) em termos globais e per capita *ao longo do tempo, o processo de desenvolvimento envolve modificações estruturais qualitativas da sociedade, as quais devem resultar em mudanças no modo de vida das pessoas, das instituições e da estruturas produtivas juntamente com a melhoria do nível de vida do conjunto da população.* (Souza, 2011, p. 6)

No entanto, o desenvolvimento econômico de um país não pode ser analisado somente por indicadores quantitativos (crescimento do produto ou renda *per capita*, por exemplo), pois eles ocultam disparidades na concentração da riqueza.

perguntas & respostas

1. **Como podemos avaliar a correlação entre o processo de desenvolvimento e os níveis de concentração de renda?**

O conceito de desenvolvimento transcende os limites quantitativos expressos em aumentos do PIB, exigindo melhoria dos níveis de distribuição de renda (equidade).

Visando abranger a dimensão humana dentro do conceito de **desenvolvimento econômico** – considerando seus aspectos sociais, políticos e culturais –, foi idealizado pelo economista indiano Mahbud ul Haq (1934-1998), em conjunto com o ganhador do Prêmio Nobel de Economia de 1998, Amartya Sem, o Índice de Desenvolvimento Humano (IDH), medida geral e sintética do desenvolvimento humano, que considera atualmente:

> Publicado pela primeira vez em 1990, o IDH tornou-se referência mundial, e representa índice-chave nos programas de desenvolvimento das Nações Unidas.

- a longevidade, medida pela expectativa de vida ao nascer;
- estimativas da renda nacional;
- a escolaridade para crianças e adultos.

Publicado pela primeira vez em 1990, o IDH tornou-se referência mundial, e representa índice-chave nos programas de desenvolvimento das Nações Unidas. A sua escala varia de zero a um[1].

Utilizando dados de 2009, o IDH 2010 apresenta a seguinte classificação:

1 Para obter mais informações, acesse: <http://www.pnud.org.br/pnud>.

Tabela 9.1 – Ranking do IDH 2010 (países selecionados)

Posição	País
1º	Noruega
2º	Austrália
3º	Nova Zelândia
4º	Estados Unidos
5º	Irlanda
45º	Chile
46º	Argentina
52º	Uruguai
62º	Costa Rica
63º	Peru
73º	Brasil
164º	Guiné-Bissau
165º	Moçambique
166º	Burundi
167º	Níger
168º	República Democrática do Congo
169º	Zimbábue

Fonte: Pnud, 2005.

perguntas & respostas

2. Como podemos relacionar a melhoria dos níveis educacionais e o processo de desenvolvimento no Brasil?

O processo de desenvolvimento envolve, além da melhoria da equidade, o crescimento do PIB de modo a atingir um nível de renda médio compatível com as necessidades básicas. O crescimento da produção, por sua vez, está relacionado à ampliação da capacidade instalada, o que requer investimentos em capital físico e crescimento da produtividade. Aumentos de produtividade, por sua vez, relacionam-se aos avanços nos níveis de escolaridade.

9.2 fontes do crescimento econômico

Envolvendo múltiplos fatores de ordem econômica, política, social, geográfica e histórica, o processo de desenvolvimento é um fenômeno global da sociedade. Requer, de forma genérica, alguns **fatores econômicos estratégicos**, sobressaindo-se também o importante papel do Estado como coordenador e indutor do processo (Vasconcellos; Garcia, 2004), quais sejam:.

› **Acumulação de capital**, cujo financiamento exige nível adequado de poupanças (internas e/ou externas).

› **Progresso tecnológico**, decorrente de investimentos em educação e pesquisas para o desenvolvimento científico.

› **Adequada gestão macroeconômica** (políticas fiscal, monetária, cambial e comercial), visando minimizar a ocorrência de desequilíbrios macroeconômicos e instabilidades causadas por: i) déficit no orçamento do setor público, ii) inflação e iii) desajustes nas contas externas (balanço de pagamentos).

› **Eficiência produtiva e organizacional**, isto é, aumento da produtividade decorrente do melhor uso dos recursos disponíveis.

› **Instituições legais** (sistema de normas e o poder judiciário) fortes e respeitáveis[2].

---

2 De acordo com Coase, citado por Saddi e Pinheiro(2005), "transações [...] são reguladas não exclusivamente pelo sistema de preços, mas também pelos contratos. [...] Os contratos são a base de sustentação de muitas transações realizadas no mercado [...] as leis atuam sobre a atividade econômica [...] desempenhando quatro funções básicas: **protegem os direitos de propriedade privados; estabelecem as regras para a negociação e a alienação** desses direitos, entre agentes privados e entre eles e o Estado; **definem as regras de acesso e de saída dos mercados; promovem a competição e regulam tanto a estrutura industrial como a conduta das empresas** nos setores em que há monopólio ou baixa concorrência" (grifo nosso).

9.3 um modelo de crescimento

(seção elaborada com base em Barbosa, 2005)

Como contribuição à teoria do crescimento econômico, Robert Solow (Prêmio Nobel de Economia em 1987) desenvolveu um modelo contábil que mede a influência de vários fatores na taxa de aumento da produção, os quais promovem o crescimento em longo prazo por meio da acumulação de capital, de recursos humanos e da tecnologia.

A Tabela 9.2 apresenta, de forma simplificada, dados referentes à economia brasileira no período de 1980 a 2005 e de 1920 a 1980, dos quais derivam taxas de crescimento potencial bastante diferenciadas (respectivamente, 3,5% e 7,0% ao ano).

Tabela 9.2 – Crescimento econômico potencial do Brasil

Período 1980/2005

1	2	3	4	5
Peso	Taxa de investimento	Relação capital/produto	Taxa de depreciação	$1 \times [(2/3) - 4]$
40%	20%	2,7	3,5%	1,6% +
	Taxa de crescimento da mão de obra			1×2
60%	1,5%			0,9% +
	Crescimento da produtividade			2
	1,0%			1,0% +
				3,5% =

(continua)

(Tabela 9.2 – conclusão)

Período 1920/1980

1	2	3	4	5
Peso	Taxa de investimento	Relação capital/produto	Taxa de depreciação	$1 \times [(2/3) - 4]$
40%	25%	2,0	3,5%	3,6% +
	Taxa de crescimento da mão de obra			1 x 2
60%	2,5%			1,5% +
	Crescimento da produtividade			2
	1,9%			1,9% +
				7,0% =

ou seja,

A taxa de crescimento do **produto potencial** (coluna 5) é uma média ponderada da acumulação de fatores (capital e trabalho, no caso do Brasil, com participações de 40% e 60%, respectivamente, na renda do país), adicionada à taxa de crescimento da produtividade, que é derivada do avanço tecnológico.

A taxa de crescimento do **capital** depende da taxa de investimento (total de investimentos em relação ao PIB), da relação capital/produto (volume de investimento necessário para gerar uma unidade de produto) e da taxa de depreciação (percentual de investimentos necessários para repor equipamentos e infraestrutura obsoleta ou desgastada no processo produtivo).

A taxa de aumento da **mão de obra** depende de fatores demográficos, e a taxa de crescimento da **produtividade** é residual, não sendo claramente explicável por fatores observáveis (Sachs; Larrain, 1998).

3 O financiamento do déficit público resulta na venda de títulos da dívida pública no mercado financeiro, ocasionando a elevação da dívida do setor público, a concorrência com o setor privado pelos fundos disponíveis e, consequentemente, a elevação da taxa de juros (Vasconcellos; Garcia, 2004, p. 201).

Segundo Barbosa (2005), o modelo apresentado aponta direções da política econômica que podem aumentar o crescimento potencial da economia brasileira – condição essencial para a melhoria dos níveis de desenvolvimento. Em primeiro lugar, deve-se aumentar a taxa de investimento, preferencialmente com poupança interna, pois o endividamento externo aponta para crises passadas. A poupança doméstica, por sua vez, exige a redução do déficit público[3], que depende de condições políticas nem sempre existentes. Em segundo lugar, deve-se aumentar a produtividade na utilização dos fatores (recursos) por meio de políticas que tenham por objetivo incentivar os negócios, assim como reduzir burocracia e custos mediante o aumento da concorrência.

A seguir, é reproduzido o fragmento de um texto de André Lara Resende (2011). Nele, o autor afirma que "padrões de consumo mais equânimes podem ser desejáveis, se associados ao dinamismo da economia de mercado e à liberdade individual" (Resende, 2011).

O crescimento sempre foi objetivo da política econômica, que associa o crescimento ao aumento da renda e do bem-estar. Todavia, com as evidências de que a atividade econômica impacta negativamente os recursos ambientais do planeta, aproximando-se atualmente de um limite tolerável, torna-se questionável associar de forma permanente níveis de bem--estar ao crescimento.

Evidentemente, não há como melhorar a qualidade de vida de sociedades muito pobres sem aumentar a sua renda até um mínimo capaz de sustentar necessidades básicas. Todavia, a partir de certos limites aumentos de renda não estão necessariamente associados à melhora da qualidade de vida.

Melhorar a igualdade dos padrões de consumo parece ser desejável para todos, compatibilizando o nível da população mundial aos limites físicos e ecológicos do planeta. O desafio então é transitar para uma sociedade com padrões de consumo menos extravagantes e mais igualitários, sem comprometimento do dinamismo das economias de mercado e das liberdades individuais.

9.4 economia brasileira

Segundo Baer (1975), "foi somente depois da II Guerra Mundial que o Brasil empenhou-se em um surto de industrialização deliberado, geral e continuado".

Até a segunda metade do século XX, o dinamismo da economia brasileira dependia, basicamente, da exportação de certos produtos-chave de natureza primária, que predominaram em sucessivos ciclos de exportação, sem qualquer modificação estrutural (pau-brasil, açúcar, ouro, borracha e café), que se convencionou chamar de **modelo primário-exportador**[4].

4 Para saber mais: FURTADO, C. **Formação econômica do Brasil**. São Paulo: Cia. Ed. Nacional, 2003.

Em função da escassez de moeda forte e da consequente dificuldade para importar, a partir de 1930 e, particularmente, a partir de 1950, o país passa a produzir internamente produtos que até então eram importados, caracterizando o denominado **modelo de substituição de importações**, que Pereira (1998) chama de "A Revolução Industrial Brasileira".

A segunda metade dos anos 1950 marca a consolidação da industrialização brasileira com o plano de metas, de Juscelino Kubitschek, o idealizador de Brasília – a nova capital federal do Brasil e símbolo da interiorização do país. A indústria de bens de consumo duráveis (eletrodomésticos e, principalmente, automóveis) marca, então, o fim de um ciclo de industrialização, que avança em importantes ramos da indústria de bens de capital.

Os anos iniciais da década de 1960 marcam o esgotamento do modelo de substituição de importações com a desaceleração da economia e uma redução nas taxas de expansão do PIB e do nível de atividade/emprego, ante as dificuldades de continuar substituindo importações, a escala de produção insuficiente, a escassez de capital e os custos elevados pelo padrão internacional, impedindo exportações.

Após alguns anos de grande crescimento do PIB – referente ao final da década de 1960 e início dos anos 1970 –, basicamente determinado por grandes investimentos do setor público e das empresas estatais, a década de 1970 é marcada pela ocorrência de profundas modificações no cenário externo, com a evidência dos seguintes fatores: elevação nos preços do petróleo e das matérias-primas; alta acelerada da inflação norte-americana e flutuação das taxas cambiais.

Internamente, ocorre a desestruturação do setor público, relacionada ao profundo desequilíbrio fiscal gerado pela contenção das tarifas públicas, ao serviço da dívida externa contraída pelas empresas estatais e ao volume de incentivos/subsídios concedidos ao setor privado.

No início dos anos 1980, o crescimento da economia, evidenciado na década anterior, passa por uma severa reversão, em virtude da deterioração de importantes indicadores, que podem ser observados no Quadro 9.1.

Quadro 9.1 – Indicadores selecionados

Barril de petróleo	1973 US$ 2,80	1979 US$ 38,00
Importações brasileiras	1970 US$ 2,5 bilhões	1981 US$ 22 bilhões
Dívida externa brasileira	1970 US$ 5,3 bilhões	1981 US$ 61,4 bilhões
Inflação no Brasil	1980 47,2% ao ano	1988 223% ao ano

Fonte: Lacerda et al., 2003.

De 1980 a 1984, a política econômica passa a depender fundamentalmente da disponibilidade de financiamento externo, com ênfase em controles ortodoxos da demanda, como contenção dos salários, controle dos gastos públicos, aumento da arrecadação tributária, aumento da taxa de juros interna e redução da liquidez. Configurada a recessão, de 1980 a 1981, a produção industrial cai

> Concluído o ajustamento externo, com a geração de vultosos superávits comerciais e o equilíbrio das transações correntes, o país colocava-se em situação mais confortável, no sentido de dispensar o "dinheiro novo" provenientes dos bancos privados ou do FMI.

10%, a fabricação de bens de consumo duráveis sofre redução de 26%, e a de bens de capital, 19%.

Entre 1982 e 1983, têm início as negociações com o FMI, sendo que, em 21 de fevereiro de 1983, é assinada a primeira carta de intenções para a formalização do Programa de Ajustamento. Em 1984, foram revertidos os resultados do setor externo, sendo que os principais estão dispostos no Quadro 9.2:

Quadro 9.2 – Principais resultados do setor externo

US$ bilhões	1981	1983	1984
Balança comercial	- 1,20	6,5	13,1
Importações	22,0	15,4	13,9
Transações correntes	- 11,7	- 6,8	0

Fonte: Conjuntura Estatística, 2006.

Concluído o ajustamento externo, com a geração de vultosos superávits comerciais e o equilíbrio das transações correntes, o país colocava-se em situação mais confortável, no sentido de dispensar o "dinheiro novo" provenientes dos bancos privados ou do FMI.

Entretanto, o ponto vulnerável dessa maior liberdade em relação à escolha das políticas domésticas estava correlacionado com a taxa de inflação, em franca aceleração.

Agravados os conflitos internos e os efeitos inflacionários, esses desequilíbrios passaram a condicionar o desempenho da economia brasileira a partir de 1980.

Além disso, em meados dessa mesma década, a decorrente instabilidade política leva ao esgotamento do ciclo militar e à redemocratização do país.

9.4.1 planos de estabilização (1986/1993)

A aceleração da inflação durante os anos 1980 (Tabela 9.3) impôs a adoção de vários planos econômicos – a seguir mencionados –, cujas estratégias, de forma geral, combinaram medidas tradicionais de controle da demanda de bens e serviços com tentativas não tradicionais de controle de preços, salários e câmbio até a medida extrema de confiscar recursos da população depositados nos bancos (Plano Collor).

1. **Plano Cruzado (fev./1986).**
2. **Cruzado II (jul./1986).**
3. **Cruzado III (nov./1986).**
4. **Plano Bresser (jun./1987).**
5. **"Feijão com arroz" (jan.-dez./1988).**
6. **Plano Verão (jan./1989).**
7. **Plano Collor (mar./1990).**

9.4.2 plano real (28/07/1993)

Ante o insucesso dos planos anteriores, o Plano Real adotou mecanismos de mercado para a coordenação da economia, pois o fracasso do tabelamento de preços, salários e câmbio desgastou politicamente o governo, desenvolvendo também reações preventivas do setor privado e tornando-o praticamente ineficaz.

Seguem descritas as **fases do programa** (Oliveira, 1996), que obteve inegável sucesso no controle do processo inflacionário (Tabela 9.3):

a) **Ajuste fiscal emergencial** – Corte emergencial de gastos; equacionamento da dívida de estados e municípios; maior controle sobre os bancos estatais e criação do Fundo Social de Emergência (FSE), que propôs aumentar a arrecadação e flexibilizar a gestão orçamentária do governo federal.

b) **Criação da URV** – Mecanismo de transição da superinflação que oferece referência estável de valor, reduz a memória inflacionária e possibilita sincronia dos preços.

c) **Lançamento do real** – Nova unidade monetária.

d) **Reformas estruturais** – Aprofundamento da abertura para o exterior; privatização; desregulamentação; metas monetárias estritas e desindexação da economia. A política cambial oscila da taxa flutuante ao sistema de bandas (março de 1995), passando para a livre flutuação em janeiro de 1999.

e) **Reformas constitucionais propostas** – Fiscal (simplificar e racionalizar o sistema, com ampliação da base de arrecadação); previdenciária (conter o déficit e substituir o sistema de repartição pelo de capitalização da poupança individual); administrativa (reduzir custos).

9.4.3 perspectivas

A partir da implantação do Plano Real, em 1993, o foco da política econômica brasileira foi concentrado, basicamente, no objetivo de controlar a inflação mediante a aplicação de medidas tradicionais de política econômica, como metas de inflação, metas de superávit primário do setor público e taxa de câmbio flutuante.

Tabela 9.3 – Brasil – inflação e variação do PIB real

Ano	Inflação IPCA (% ao ano)	PIB real (Variação anual - %)
1993	2.477,15	4,92
1994	916,43	5,85
1995	22,41	4,22
1996	9,56	2,66
1997	5,22	3,27
1998	1,66	0,13
1999	8,94	0,79
2000	5,97	4,36
2001	7,67	1,31
2002	12,53	1,92
2003	9,30	0,55
2004	7,60	4,94
2005	5,69	2,3

Fonte: Conjuntura Estatística, 2006.

Embora a inflação tenha convergido para a meta estabelecida e o balanço de pagamentos apresente, em meados dos anos 2000, situação bastante confortável (ver Tabela 8.1), o crescimento da economia brasileira não é satisfatório.

Conforme Furuguem (2005), a afirmativa oficial de que a economia brasileira está preparada para um longo ciclo de crescimento sustentado não encontra amparo na realidade. Segundo o autor, grandes desafios precisam ser resolvidos: "educação básica precária, estradas deterioradas, segurança pública em estado de calamidade, dívida pública elevada e onerosa, desemprego alto, carga tributária elevada e sem contrapartida dos serviços prestados etc." (Furuguem, 2005).

O desenvolvimento do país não ocorrerá automaticamente e, como diz Furuguem (2005), grandes desafios precisam ser resolvidos, e isso não depende do FMI, dos Estados Unidos da América e nem de políticas econômicas da União Europeia. Esse é um projeto que cabe aos brasileiros conceber e implementar.

síntese

Neste capítulo final, percebemos que o crescimento econômico é quantitativo, representado pelo aumento do PIB, o que exige a viabilização de alguns fatores, como a acumulação de recursos materiais e humanos, uma competente gestão da macroeconomia, o aumento da eficiência e instituições sólidas. O desenvolvimento, por sua vez, envolve aspectos qualitativos que determinam a elevação do padrão de vida do total da população ao longo do tempo. No caso da economia brasileira, vimos que, apesar do sucesso do controle da inflação nos anos recentes, um longo caminho ainda deve ser percorrido para viabilizar um padrão de vida mais elevado, equitativamente distribuído no conjunto da população.

estudo de caso

Com base nos conhecimentos adquiridos, analise o texto de Cristiano Romero, publicado no jornal *Valor Econômico* (Romero, 2011):

Esperando Dilma

A deterioração das expectativas de inflação já supera a que ocorreu no último período de aceleração de preços vivido pela economia brasileira, no primeiro semestre de 2008. O que diferencia os dois momentos é que, no caso anterior, o que provocou a piora das expectativas foi um forte choque de preços de *commodities*. Agora, há novamente um choque de preços, mas o que está realmente pesando é a perda de credibilidade do governo para combater a inflação.

As expectativas colhidas pelo Boletim Focus, divulgado pelo Banco Central (BC), mostram que, entre maio e julho de 2008, portanto, no espaço de apenas dois meses, a inflação esperada para os 12 meses seguintes aumentou um ponto percentual, saltando de 4,4% para 5,4%. Naquele momento, o mundo vivia um preocupante choque de preços de alimentos.

No Brasil, a economia estava em processo de aceleração, gerando pressões inflacionárias. Com o claro objetivo de moderar o ritmo de crescimento e conter os preços, o BC começou a aumentar a taxa de juros em abril de 2008. Por causa do choque de preços, o mercado passou a esperar uma inflação mais alta, mesmo com o aperto monetário.

Sem corte de gastos, expectativas só pioram

Em agosto de 2008, no entanto, o BC conseguiu reverter as expectativas, que voltaram a piorar dois meses depois por causa da fase mais aguda da crise internacional, deflagrada pela quebra do banco Lehman Brothers. Superado o pior momento da turbulência no último trimestre daquele ano, as expectativas de inflação melhoraram.

Em 2010, a economia entrou mais uma vez em ritmo de crescimento acelerado e as expectativas inflacionárias tornaram a se deteriorar. O BC conseguiu controlá-las por um breve espaço de tempo, entre maio e junho, mas depois elas só pioraram. Em 12 meses (entre fevereiro de 2010 e janeiro de 2011), pularam de 4,5% para 5,5%.

A presidente Dilma Rousseff tomou posse há pouco mais de um mês, emitindo sinais positivos sobre a condução da economia. Prometeu dar autonomia ao BC e retomar o caminho da disciplina fiscal. De fato, o BC iniciou um novo aperto monetário, dessa vez valendo-se também de medidas macroprudenciais, que têm duplo objetivo: resguardar a saúde do sistema financeiro e diminuir a demanda agregada da economia.

Sendo assim, por que as expectativas seguem piorando? Uma provável resposta está no fato de o governo ainda não ter anunciado o tamanho do corte que fará no orçamento federal deste ano. No mercado, predomina o ceticismo. Para alguns, o arrocho nas contas públicas não será suficiente para fazer cócegas na demanda. Para outros, o ajuste não ocorrerá simplesmente porque a equipe que o prepara é a mesma que, nos últimos dois anos, relativizou a importância do superávit primário.

Uma autoridade assegurou a esta coluna que o ajuste está a caminho e que não saiu ainda porque o governo decidiu esperar a posse do novo Congresso. Quanto à desconfiança do segundo grupo, assegurou: "O ministro Guido Mantega [da Fazenda] é um cumpridor de ordens".

O economista Nilson Teixeira e sua equipe, do Credit Suisse, constataram, em pesquisa, que a inflação de serviços tem subido, desde 2004, acima dos núcleos de inflação tanto nos países ricos quanto nos emergentes. No Brasil, isso vem ocorrendo desde 2005 por três razões: reajustes mais expressivos dos rendimentos reais, inércia inflacionária e queda do desemprego.

A pesquisa mostra que, ao contrário do que ocorre em outros países, no Brasil a relação entre inflação de serviços e atividade econômica é menos significativa. No primeiro semestre de 2009, por exemplo, os preços continuaram subindo, apesar da recessão. Outros achados: 52% dos serviços têm os preços determinados pela inflação passada (inércia); 26% respondem à variação do salário mínimo; apenas 22% têm relação com a atividade.

Para desinflacionar os serviços, o governo terá, portanto, que diminuir o grau de indexação da economia (de contratos como aluguel, tarifas públicas etc.), controlar o salário mínimo e trabalhar sempre para ter uma inflação mais baixa (para diminuir a inércia).

questões para reflexão

1. Diante das limitadas reservas de recursos, quais as possibilidades de um contínuo crescimento mundial dos níveis de consumo?

2. Considerando que o conceito de desenvolvimento pressupõe melhoria da equidade, como você avalia a possibilidade de avanços em nível mundial do IDH?

questões para revisão

1. Um estudante analisou a situação econômica de dois países, Austral e Atlântida, obtendo as informações que seguem.

Com base nesses dados, ele afirmou que o primeiro obteve melhor desempenho econômico que o segundo. Disse ainda que Austral é mais desenvolvido. Como você avalia as conclusões do estudante?

Austral   PIB = $ 900 bilhões

Atlântida   PNB = $ 800 bilhões

2. Em um programa de desenvolvimento para o país, quais as fontes do crescimento econômico que você julga mais relevantes?

3. Qual a diferença fundamental entre a estratégia do Plano Real e as que foram aplicadas nos demais planos de estabilização da economia brasileira durante os anos 1980 e 1990?

4. Você considera que o crescimento da economia brasileira a taxas anuais elevadas depende apenas da estabilidade (inflação baixa) e de contas externas (balanço de pagamentos) equilibradas?

para concluir...

Esperamos que o entendimento do modo de operação do sistema capitalista, bem como a aplicação dos conceitos apresentados neste livro ao cotidiano, possibilitem melhores decisões e o aprimoramento do senso crítico dos caros leitores, ao avaliar as variadas situações que envolvem temas econômicos.

referências

ABREU, M. P. (Org.). **A ordem do progresso**. Rio de Janeiro: Campus, 1990.

BAER, W. **A industrialização e o desenvolvimento econômico do Brasil**. Rio de Janeiro: FGV, 1975.

BARBOSA, F. H. O mito do desenvolvimento econômico. **Conjuntura Econômica**, Rio de Janeiro, v. 59, n. 12, dez. 2005.

BRASIL. Constituição (1988). **Diário Oficial [da] República Federativa do Brasil**, Brasília, DF, 5 out. 1988. Disponível em: <http://www.planalto.gov.br/ccivil_03/constituicao/constituicao.htm>. Acesso em: 11 jul. 2011.

BRASIL. Lei n. 8.884, de 11 de junho de 1994. **Diário Oficial da União**, Poder Legislativo, Brasília, DF, 13 jun. 1994. Disponível em: <http://www.planalto.gov.br/ccivil_03/leis/l8884.htm>. Acesso em: 11 jul. 2011.

CANUTO, O.; HOLLAND, M. Flutuações cambiais, estratégias de políticas monetárias e metas de inflação. **Ensaios FEE**, Porto Alegre, v. 23, n. 1, p. 5-28, 2002. Disponível em: <http://revistas.fee.tche.br/index.php/ensaios/article/viewFile/2026/2407>. Acesso em: 2 maio 2011.

CARVALHO, F. J. C. et al. **Economia monetária e financeira**: teoria e política. Rio de Janeiro: Campus, 2000.

_____. **Economia monetária e financeira**: teoria e política. 2. ed. Rio de Janeiro: Campus, 2007.

CARVALHO, M. A.; SILVA, C. R. L. **Economia internacional**. São Paulo: Saraiva, 2000.

CAVES, R. E.; FRANKEL, J. A.; JONES, R. W. **Economia internacional**: comércio e transações globais. São Paulo: Saraiva, 2001.

CONJUNTURA estatística. **Conjuntura Econômica**, Rio de Janeiro, v. 60, n. 5, maio 2006.

CORAZZA, G. Os Bancos Centrais e sua ambivalência público-privada. **Nova Economia**, Belo Horizonte, v. 11, n. 1, jul. 2001. Disponível em: <http://www.face.ufmg.br/novaeconomia/sumarios/v11n1/CORAZZA.PDF>. Acesso em: jul. 2006.

COSTA, F. N. **Economia em 10 lições**. São Paulo: Makron Books, 2000.

DELFIM NETTO, A. Economia política. **Folha de S. Paulo**, São Paulo, 31 maio 2006. Caderno Opinião.

_____. Capitalismo e democracia. In: _____. **Crônica do debate interditado**. Rio de Janeiro: Topbooks, 1998. p. 117-133.

_____. **Crônica do debate interditado**. Rio de Janeiro: Topbooks, 1998.

DIEESE – Departamento Intersindical de Estatísticas e Estudos Socioeconômicos/IBGE – Instituto Brasileiro de Geografia e Estatística. **Conjuntura Econômica**, Rio de Janeiro, v. 58, n. 3, p. 38, mar. 2004.

DÓLAR inicia mês em queda e fecha a R$ 1,66; Bovespa sobe 1,95%. **Folha Online**, São Paulo, 1º fev. 2011. Disponível em: <http://www1.folha.uol.com.br/mercado/869041-dolar-inicia-mes-em-queda-e-fecha-a-r-166-bovespa-sobe-195.shtml>. Acesso em: 1º fev. 2011.

DORNBUSCH, R.; FISCHER, S.; BEGG, D. **Introdução à economia**. Rio de Janeiro: Elsevier, 2004.

É PRECISO comedimento no novo ciclo de alta dos juros. **Valor Econômico**, São Paulo, 21 jan. 2011.

FURUGUEM, A. Quanto crescerá a economia mundial e a brasileira em 2006? **Conjuntura Econômica**, Rio de Janeiro, v. 59, n. 12, dez. 2005.

FUSFELD, D. R. **A era do economista**. São Paulo: Saraiva, 2001.

GARÓFALO FILHO, E. **Câmbio**: princípios básicos do mercado cambial. São Paulo: Saraiva, 2005.

GOLDBERG, S. Dez anos de Plano Real. **Conjuntura Econômica**, Rio de Janeiro, v. 58, n. 3, p. 36-41, mar. 2004.

HOUAISS, A.; VILLAR, M. S. **Dicionário Houaiss da Língua Portuguesa**. Rio de Janeiro: Objetiva, 2009.

IBGE – Instituto Brasileiro de Geografia e Estatística. **Conjuntura Econômica**, Rio de Janeiro, v. 58, n. 3, p. 39, mar. 2004.

INFLAÇÃO em alta. **Folha de S. Paulo**, 13 jan. 2011.

JOHNSON & JOHNSON compra divisão da Pfizer por US$ 16,6 bilhões. **Folha Online**, Brasília, 26 jun. 2006. Caderno Dinheiro. Disponível em: <http://www1.folha.uol.com.br/folha/dinheiro/ult91u108846.shtml>. Acesso em: 3 jul. 2006.

LACERDA, A. C. et al. **Economia brasileira**. São Paulo: Saraiva, 2003.

LANZANA, A. E. T. O setor externo da economia brasileira. In: PINHO, D. B.; VASCONCELLOS, M. A. S. (Org.). **Manual de economia**. 5. ed. São Paulo: Saraiva, 2005. (Equipe de professores da USP).

MANKIW, N. G. **Introdução à economia**: princípios de micro e macroeconomia. 2. ed. Rio de Janeiro: Campus, 2001.

MILONE, P. C. Crescimento e desenvolvimento econômico: teorias e evidências empíricas. In: PINHO, D. B.; VASCONCELLOS, M. A. S. (Org.). **Manual de economia**. 5. ed. São Paulo: Saraiva, 2005. (Equipe de professores da USP).

MORAES, M. S. de. União Europeia incorpora hoje países ex-comunistas. **Folha de S. Paulo**, 1º maio 2004.

NAKANO, Y. O regime monetário, a dívida pública e a alta taxa de juros. **Conjuntura Econômica,** Rio de Janeiro, v. 59, n. 11, p. 10, nov. 2005.

O'SULLIVAN, A.; SHEFFRIN, S. M. **Princípios de economia**. Rio de Janeiro: LTC, 2000.

OLIVEIRA, G. **Brasil real**: desafios da pós-estabilização na virada do milênio. São Paulo: Mandarim, 1996.

PEREIRA, L. C. B. **Economia brasileira**: uma introdução crítica. São Paulo: Ed. 34, 1998.

PINHO, D. B.; VASCONCELLOS, M. A. S. (Org.). **Manual de economia**. 5. ed. São Paulo: Saraiva, 2005. (Equipe de professores da USP).

PNUD – Programa das Nações Unidas para o desenvolvimento. **Folha de S. Paulo**, 7 dez. 2005. Caderno A21.

RESENDE, A. L. Desigualdade e bem-estar. **Valor Econômico**, São Paulo, 28 jan. 2011. ano 1, n. 3.

RICARDO, D. **Princípios de economia política e tributação**. São Paulo: Círculo do Livro, 1996. (Coleção os Economistas).

ROMERO, C. Esperando Dilma. **Valor Econômico**, São Paulo, 2 fev. 2011.

ROSSETI, J. P. **Introdução à economia**. 19. ed. São Paulo: Atlas, 2002.

SACHS, J.; LARRAIN, F. **Macroeconomia**. São Paulo: Makron Books, 1998.

SADDI, J.; PINHEIRO, A. C. **Direito, economia e mercados**. São Paulo: Campus; Elsevier, 2005.

SAYAD, J. **O dólar**. São Paulo: Publifolha, 2001.

SOUZA, N. de J. **Desenvolvimento econômico**. São Paulo: Atlas, 2011.

SPITZ, C. PIB soma R$ 478,9 bilhões no primeiro trimestre, diz IBGE. **Folha Online**, Brasília, 29 jun. 2006. Caderno Dinheiro. Disponível em: <http://www1.folha.uol.com.br/folha/dinheiro/ult91u108975.shtml>. Acesso em: 3 jul. 2006.

STIGLITZ, J.; WALSH, C. E. **Introdução à microeconomia**. Rio de Janeiro: Campus, 2003.

TROSTER, R. L. Estruturas de mercado. In: PINHO, D. B.; VASCONCELLOS, M. A. S. (Org.). **Manual de economia**. 5. ed. São Paulo: Saraiva, 2005. (Equipe de professores da USP).

VASCONCELLOS, M. A. S.; **Economia**: micro e macro. 3. ed. São Paulo: Atlas, 2002.

VASCONCELLOS, M. A. S.; GARCIA, M. E. **Fundamentos de economia**. 2. ed. São Paulo: Saraiva, 2004.

WILLIAMSON, J. **A economia aberta e a economia mundial**: um texto de economia internacional. Rio de Janeiro: Campus, 1989.

ZIMMERMANN, P. Crescimento da demanda por gás preocupa Petrobras. **Folha Online**, Brasília, 16 maio 2006. Caderno Dinheiro. Disponível em: <http://www1.folha.uol.com.br/folha/dinheiro/ult91u107734.shtml>. Acesso em: maio 2006.

respostas

capítulo 1

questões para reflexão

1. Nas economias de mercado (capitalistas), a conciliação entre a escassez e o desejo ilimitado e geral de melhoria do padrão de vida é possibilitada pelo sistema de preços, por meio do qual são resolvidas questões fundamentais: (1) a seleção dos bens e serviços a serem produzidos e suas respectivas quantidades (O que produzir?); (2) a técnica de produção adequada e a organização das unidades produtivas (Como produzir?); (3) a distribuição da produção na sociedade (Para quem produzir?). Nas economias centralmente planificadas (socialistas), o Estado concentra as principais decisões e a coordenação de quase toda atividade produtiva é feita diretamente pelo governo.

2. A harmonização da livre iniciativa e da busca empresarial do lucro é possível mediante um conjunto de instituições jurídicas, políticas, sociais e econômicas que disciplinam as

atividades desenvolvidas, estipulando deveres e obrigações dos proprietários dos recursos, bem como das firmas que utilizam esses recursos. Dessa forma, "falhas de mercado", como problemas ambientais, informação insuficiente dos consumidores ou poder de mercado de uma empresa ou de um grupo de empresas, podem ser minimizadas.

questões para revisão

1. c
2. c
3. e

capítulo 2

questões para reflexão

1. A fixação de preços abaixo do nível de equilíbrio de mercado através do tabelamento, por exemplo, representa um incentivo positivo para os consumidores, o que desloca a demanda para a direita (aumento). Preços mais baixos, por sua vez, desestimulam as firmas, que passam a produzir menos, deslocando a curva da oferta para a esquerda (redução). A conjugação desses efeitos determina a escassez do bem transacionado.

2. O *marketing* (principalmente a propaganda), geralmente, desloca a curva da demanda, aumentando-a. Isso determina um maior número de consumidores para o produto.

3. A redução das barreiras alfandegárias materializou sensível aumento da concorrência para as firmas nacionais, haja vista a entrada de competidores globais no país. Dessa forma, as

empresas que operavam no Brasil foram forçadas a investir em tecnologia e melhorias organizacionais com vistas à redução dos preços e ao aumento da competitividade.

questões para revisão

1.

a) Aumento no preço da margarina

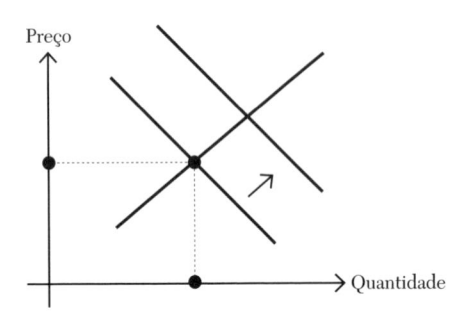

Quando a renda cai, a demanda da maioria dos bens diminui, ou seja, os consumidores compram os produtos em menores quantidades. A exceção refere-se aos casos dos bens inferiores (baratos e de baixa qualidade), cuja demanda aumenta quando a renda cai. De maneira geral, o equilíbrio ocorre com a redução das quantidades demandadas e do preço.

Tratando-se de um bem substituto (concorrente), aumentos no preço da margarina determinam o deslocamento (aumento) da demanda de manteiga, o que induz a um novo equilíbrio, com o aumento da quantidade demandada e do preço desse produto, pois a margarina ficou mais cara.

b) Aumento no preço do leite

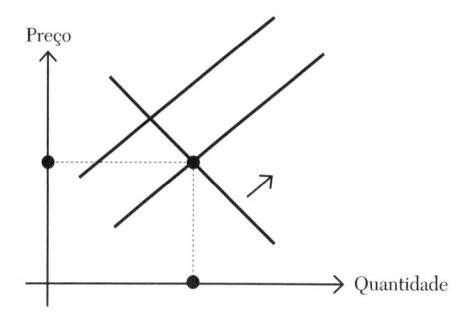

Como o leite é um insumo importante da manteiga, o aumento de seu preço eleva os custos de forma significativa, o que torna a manteiga mais cara. Dessa forma, o preço de equilíbrio sobe, mas a quantidade de equilíbrio cai.

c) Redução nos níveis de renda média

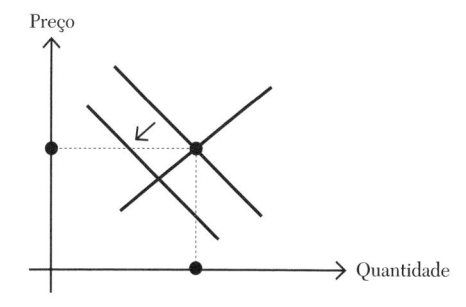

2. Transporte coletivo urbano é um serviço com baixa elasticidade no preço da demanda, dada a pequena disponibilidade de substitutos e a essencialidade dele. Dessa forma, um aumento do seu preço deverá determinar a queda da quantidade demandada em percentual inferior ao do acréscimo do preço. Logo, aumentos de preço levam ao alargamento do faturamento da firma concessionária (ver capítulo 2, item 4).

3. Prevendo mudanças:
Reajuste na tarifa de transporte coletivo urbano

Quantidade (Q)	Preço (P)	Receita (P × Q)
100.000	$ 2,00	$ 200.000,00
93.800	$ 2,20	$ 206.360,00
Variação = (6,2%)	Variação = 10%	Variação = 3,18%

EP_d = Variação % P / Variação % Q -0,62 = 0,10 / ?
Var. % Q = -0,62 x 0,10
Var. % Q = -0,062 (6,2%)

4. Aumento de 10% na colheita de milho

Quantidade (Q)	Preço (P)	Receita (P × Q)
100.000	R$ 4,00	R$ 400.000,00
110.000	R$ 3,20	R$ 352.000,00
Variação = 10%	Variação = (20%)	Variação = (12%)

EP_d = Variação % P / Variação % Q -0,5 = ?/0,10
Var. % P = -0,5 / 0,10
Var. % P = -0,20 (20%)

capítulo 3

estudo de caso

O retorno esperado do projeto é de 3% (R$ 30.000,00 de lucro líquido anual para um investimento de R$ 1.000.000,00). Embora o projeto seja lucrativo, sua aprovação depende das seguintes informações adicionais: quais as alternativas de aplicação disponíveis para os recursos a serem investidos e qual o retorno de cada uma delas. Deverá ser ponderado também o seu nível de risco, considerando que projetos mais arriscados exigem taxas de retorno mais elevadas. Evidentemente, além dos aspectos quantitativos envolvidos, a decisão sempre envolverá a sensibilidade do investidor e a experiência dele na avaliação do cenário econômico.

questões para reflexão

1. Modernas redes de hipermercado crescem ampliando a quantidade de insumos – que, por sua vez, compõem a função de produção, incluindo mão de obra – e, principalmente, de ativos fixos (equipamentos informatizados, logística etc). Dessa forma, investindo em trabalho e capital, elas crescem segundo o conceito econômico de longo prazo.

2. Rendimentos crescentes de escala são obtidos por meio do processo de fusão de bancos, considerando o uso intensivo de equipamentos indivisíveis (grandes computadores, por exemplo), maior poder de captação de recursos e maior especialização de funcionários etc.

3. Tendo em vista a ausência de barreiras à entrada nos mercados competitivos (concorrência perfeita), a obtenção de lucros extraordinários por determinada firma é temporária, pois atrai novos competidores. Além disso, a consequente ampliação da oferta reduz a possibilidade de que esses resultados tenham continuidade.

questões para revisão

1. O conceito de lucro econômico, ao contrário da ideia de lucro contábil, considera não só os custos explícitos (para os quais existem documentos próprios – notas fiscais, recibos, faturas etc. – a serem contabilizados), mas também os implícitos (custos de oportunidade), para os quais não há documento formal. Trata-se, por exemplo, do valor de mercado para a locação de um imóvel próprio utilizado pela firma. Embora não exista documento para isso (a firma não paga aluguel para ela mesma), esse valor deve ser considerado como custo do projeto. Da mesma forma, considera-se como custo o retorno esperado sobre o investimento financiado com recursos próprios, os quais poderiam ser aplicados alternativamente no mercado financeiro, gerando renda.

Lucro normal é o retorno sobre o investimento que se aproxima da média verificada para atividades de risco semelhante. No caso desse resultado ser persistentemente mais baixo, há a tendência de que a firma saia desse mercado, aplicando seus recursos em outro ramo.

Lucro extraordinário é o retorno de uma companhia que excede o lucro normal. Nesse caso, se não houver barreiras à entrada de outras firmas, existe a tendência de que empresas entrem nesse mercado, o que provoca a expansão da oferta, a redução de preços e retornos a níveis normais (ver questão 3).

2. O controle de custos permite, principalmente, manter a firma competitiva. Isso é crucial, principalmente se a empresa opera em um mercado concorrencial (concorrência perfeita), situação em que a competição se baseia em preços (o preço é dado pelo mercado).

3. Remota. A existência de lucros extraordinários em um mercado competitivo (não há barreiras à entrada) atrai novos competidores, e a consequente queda dos preços com o aumento da oferta reduz preços e reconduz o nível de lucro à normalidade, isto é, à média do mercado.

4. Positiva. Geralmente, firmas maiores são mais competitivas, pois apresentam rendimentos crescentes de escala decorrentes da especialização de seus colaboradores, do uso de equipamentos indivisíveis, do maior poder de barganha com fornecedores e da possibilidade de menores custos financeiros, pois têm acesso favorecido ao crédito.

5. Exercícios práticos

a) Cia. Bom Ar (valores em reais)

Q	P	CF	CV	CT	CVMe	CMe	CMg	Receita	Resultado
2	10.000,00	4.000,00	26.000,00	30.000,00	13.000,00	15.000,00	-	20.000,00	(10.000,00)
3	10.000,00	4.000,00	32.000,00	36.000,00	10.666,67	12.000,00	6.000,00	30.000,00	(6.000,00)
4	10.000,00	4.000,00	36.000,00	40.000,00	9.000,00	10.000,00	4.000,00	40.000,00	-
5	10.000,00	4.000,00	42.000,00	46.000,00	8.400,00	9.200,00	6.000,00	50.000,00	4.000,00
6	10.000,00	4.000,00	51.000,00	55.000,00	8.500,00	9.166,67	9.000,00	60.000,00	5.000,00
7	10.000,00	4.000,00	60.000,00	64.000,00	8.571,43	9.142,86	9.000,00	70.000,00	6.000,00
8	10.000,00	4.000,00	72.000,00	76.000,00	9.000,00	9.500,00	12.000,00	80.000,00	4.000,00
9	10.000,00	4.000,00	86.000,00	90.000,00	9.555,56	10.000,00	14.000,00	90.000,00	-
10	10.000,00	4.000,00	102.000,00	106.000,00	10.200,00	10.600,00	16.000,00	100.000,00	(6.000,00)

b) Projeto Eletricista – O resultado contábil esperado é de R$ 18.000,00 (receita de R$ 75.000,00 e custos totais de R$ 57.000,00). Entretanto, se adicionarmos aos custos contábeis o custo de oportunidade – no valor de R$ 50.000,00 (salário atual) –, o custo econômico será de R$ 107.000,00. O projeto apresenta, assim, retorno negativo de R$ 32.000,00 (diferença entre o ganho atual de R$ 50.000,00 e o lucro líquido contábil esperado de R$ 18.000,00).

capítulo 4

estudo de caso

A situação descrita pode ser analisada mediante recurso aos argumentos expostos na questão para revisão 4, do capítulo 3, principalmente os rendimentos de escala (US$ 500/600 milhões) derivados da incorporação da *Pfizer*. Também deve ser objeto de análise a necessidade de que a transação seja aprovada pelas autoridades reguladoras, ante a possibilidade de poder de monopólio criado pela fusão das empresas.

questões para reflexão

1. Transporte público é uma atividade que exige vultosos investimentos e elevada escala de produção. Dessa forma, caracteriza-se uma situação de monopólio natural, com vistas a reduzir o custo médio do serviço de utilidade pública. A eficiência pode ser atingida mediante regulamentação do preço do monopolista pelo poder público.

2. A pesquisa de novos medicamentos implica grandes investimentos, que podem ser financiados com lucros extraordinários. Dessa maneira, a concessão de patente propicia a internalização de resultados financeiros, bem como o incentivo para novas pesquisas e para o surgimento de inovações.

3. Lojas de *shoppings* são diferenciadas por localização, atendimento, conforto, segurança, estacionamento para veículos etc. Dessa forma, caracterizam um mercado de concorrência imperfeita (monopolística).

questões para revisão

1. À exceção das indústrias de confecções e de *software* (segmentos genéricos), que são altamente competitivas, as demais citadas representam estruturas de mercado oligopolizadas.

2. Em cidades médias e pequenas, geralmente o transporte coletivo urbano é explorado por uma única empresa, situação chamada de *monopólio natural*. Nesse caso, a grande infraestrutura física exigida impõe a concessão a uma única companhia, já que, se o serviço fosse explorado por mais de uma empresa, os custos médios seriam mais elevados, e as tarifas, mais caras.

3. Sim. A existência de "marcas" caracteriza, de certa forma, um monopólio. Marcas consolidadas, como *Coca-Cola, Windows, Viagra* etc. conferem poder de monopólio a seus detentores.

4. Oligopólio, pois, como vimos no item 4.1.3, trata-se de uma estrutura de mercado com grandes barreiras à entrada de novas firmas, e em que o número de produtores competindo entre si é reduzido. No caso da Opep, é possível administrar preços, pois a interação dos componentes tende mais para a cooperação do que para a competição, gerando custos mais elevados e lucros extraordinários.

capítulo 5

estudo de caso

O texto explora de forma objetiva o contraste ideológico entre a abordagem clássico-liberal (Adam Smith), considerando que a aplicação de modelos matemáticos permite uma eficiência produtiva, adotando-se, como pressuposto, o comportamento maximizador do "homem econômico" racional em busca de seu bem-estar. Entretanto, outros autores (Stuart Mill, Marx e também Keynes) introduziram diferentes ideias, propondo a racionalidade limitada dos mercados, o que exige decisões políticas capazes de conjugar eficiência e equidade visando uma relativa igualdade, construindo, assim, uma sociedade mais harmônica.

Texto de Spitz (2006)

O texto publicado na *Folha de São Paulo* enumera vários indicadores, cuja estimativa por meio da metodologia *ex post* da contabilidade social permite a tomada de decisão relativamente às medidas de política econômica aplicáveis (*ex ante*). Por exemplo, a constatação de que a taxa de investimentos foi de 20,4% do PIB pode exigir uma tomada de medidas no sentido de aumentar esse nível de inversão, com vistas ao crescimento do PIB a taxas mais elevadas.

questões para reflexão

1. Um novo equilíbrio pode determinar uma modificação no nível do IGP. Assim, o deslocamento para a direita da demanda agregada, motivado por um aumento nos níveis de consumo, investimentos, gastos governamentais ou exportações líquidas (exportações **menos** importações) sem crescimento proporcional da oferta agregada (gerado por investimentos/acréscimos da capacidade instalada), determina um novo equilíbrio com o aumento do Nível Geral de Preços (IGP).

2. O ingresso de capitais estrangeiros – atraídos pelo diferencial entre as taxas de juros interna/externa – desloca a oferta de moeda estrangeira para a direita (aumento), além de determinar (*coeteris paribus*) um novo equilíbrio com taxa de câmbio apreciada (menos R$ por US$).

questões para revisão

1. Estrangeiros são proprietários de ativos no Brasil e brasileiros possuem ativos no exterior. Como o Produto Interno Bruto (PIB) estima a produção dentro das fronteiras geográficas do país, o valor calculado inclui rendas geradas por ativos/propriedades de não brasileiros. Por outro lado, o PIB não inclui a renda gerada por ativos/propriedades de brasileiros no exterior. Dessa forma, o conceito de produto nacional bruto (PNB) faz os ajustamentos devidos ao somar ao PIB ou diminuir dele o valor da renda líquida do exterior,

que é a diferença entre os rendimentos remetidos e os recebidos do exterior.

2. Valores nominais são expressos em preços correntes, enquanto que valores reais excluem as variações de preços ocorridas no período. Assim, a comparação de valores nominais relativos a períodos diferentes não permite avaliar se houve crescimento real, pois a variação pode representar apenas a elevação dos preços sem que tenha havido aumento da produção física.

capítulo 6

estudo de caso

No texto, podemos verificar a influência de diversas variáveis macroeconômicas em relação ao fundamental objetivo de curto prazo da política macroeconômica: a estabilidade dos preços. Além de outros fatores, o diagnóstico aponta para a premente necessidade de controle dos gastos públicos, haja vista que a política monetária (alta dos juros) poderá não dar conta da tarefa.

questões para reflexão

1. As medidas governamentais para estimular a demanda agregada (aumento do crédito e redução da carga tributária) na esteira da crise internacional de 2008/2009 determinaram forte aumento do consumo paralelamente à expansão dos gastos do governo. Tendo em vista que o aumento da capacidade instalada por meio de novos investimentos ainda não refletiu no aumento compatível da oferta agregada, o efeito

ocorre na elevação dos preços (IGP) – cuja taxa aproxima-se do limite de 2% acima da meta –, determinado pelo regime de metas de inflação adotado no Brasil.

2. A necessidade de equilibrar oferta/demanda agregadas impõe o competente exercício da política macroeconômica, conforme o estudo de caso deste capítulo, o que exige controle de gastos públicos e forte atuação da política monetária, mediante controle do crédito e elevação da taxa de juros, para reduzir a demanda de consumo.

questões para revisão

1. Não. A abordagem clássico-liberal privilegia as questões ligadas à expansão da oferta (capacidade instalada: capital e trabalho) como condição para o aumento do PIB, em perspectiva de longo prazo. Já a perspectiva keynesiana explora a possibilidade da aplicação de medidas de política macroeconômica de curto prazo – com vistas à expansão da demanda agregada (consumo, investimento e gastos governamentais) – em conjunturas recessivas de queda da produção e do nível de emprego.

2. O principal fator de expansão do consumo é o aumento da renda disponível (renda **menos** tributos), cabendo ressaltar também a importância da expansão do crédito. Entende-se como efeito-multiplicador a combinação de implicações derivadas da expansão dos investimentos ou dos gastos governamentais que, ao expandirem a renda, por exemplo, elevam o nível de consumo. Esse aumento, por sua vez, determina uma nova ampliação da renda e do consumo e, assim, sucessivamente. Dessa forma, o efeito final da expansão do

investimento/gasto governamental no PIB é ampliado por um índice cujo valor depende da propensão ao consumo (percentual da renda destinado ao consumo).

3. Investimentos dependem de projetos cuja viabilidade é função da taxa de retorno esperada. Por exemplo: se os fundos necessários à implementação de um deles custam mais do que o retorno esperado, ele revela-se inviável. Por outro lado, déficits públicos exigem a captação de recursos no mercado financeiro para financiamento. Se a necessidade desses recursos é elevada, há pressão da demanda de fundos no mercado financeiro, o que tende a elevar o preço do dinheiro (taxa de juros).

4. Exportações dependem, basicamente, do crescimento da renda no exterior. Assim, se o PIB de nossos principais parceiros comerciais cresce, as nossas exportações também crescerão. Por outro lado, o comportamento de nossas importações depende, basicamente, das expectativas em relação ao crescimento da economia interna. Se o PIB do país cresce, nossas importações tendem a aumentar.

capítulo 7

estudo de caso

O texto permite relacionar a importância da política monetária (determinação da taxa de juros e controle do crédito) como instrumento de gerenciamento da demanda agregada e, consequentemente, do comportamento dos preços.

questões para reflexão

1. As sociedades modernas caracterizam-se pela extrema especialização de unidades de produção e indivíduos. Os agentes econômicos tornam-se, assim, extremamente interdependentes, e a moeda faz com que a vida econômica seja mais ágil, possibilitando a realização de inúmeras transações de compra e venda. A ausência da moeda tornaria o ambiente econômico muito lento, pois o tempo para se realizar uma transação comercial aumentaria demasiadamente, causando desgaste físico e mental.

2. Considerando que o sistema financeiro na atualidade caracteriza-se pela adoção de inovações financeiras e pela extrema mobilidade de capitais, torna-se inviável a previsão do comportamento da demanda por moeda e o controle da expansão monetária. No regime de metas de inflação, o estabelecimento de um objetivo numérico para essa questão é anunciado, e a taxa de juros atua como o principal instrumento para fazer com que a inflação tenda a convergir para a meta estabelecida.

questões para revisão

1. Política monetária

Expansão dos meios de pagamento	Contração dos meios de pagamento
Aumento da base monetária	Contração da base monetária
Redução da reserva compulsória dos bancos comerciais	Aumento da reserva compulsória dos bancos comerciais
Aumento dos empréstimos ao setor privado	Redução dos empréstimos ao setor privado

(continua)

Compra de reservas internacionais pelo Banco Central	Venda de reservas internacionais pelo Banco Central
Compra de títulos públicos pelo Banco Central	Venda de títulos públicos pelo Banco Central

(conclusão)

2. O papel do Banco Central na determinação da taxa de juros está ligado à determinação da taxa de juros básica (taxa Selic) – resultante da demanda e da oferta de reservas e profundamente influenciada pela atuação do BC.

3. Entendemos política monetária como o conjunto de tarefas a cargo do Banco Central, entre as quais destacamos: a emissão de papel-moeda, o controle da liquidez da economia, a atuação dos bancos, a regulação do sistema financeiro e o papel de depositário das reservas internacionais do país.

4. A expansão dos meios de pagamento está diretamente relacionada ao aumento da demanda agregada (**consumo + investimentos + gastos governamentais**), sancionando-a. Se a expansão da demanda agregada é feita em níveis superiores ao crescimento da oferta agregada, o desequilíbrio será corrigido por meio do aumento dos preços (inflação).

capítulo 8

estudo de caso

Procure deduzir, pela leitura do texto, as razões que tornaram preocupante a apreciação cambial (limite de R$ 1,65). Além disso, estabeleça os fatores que determinam o comportamento do mercado de câmbio.

questões para reflexão

1. O processo de liberalização comercial implica a redução das barreiras ao comércio internacional, possibilitando o incremento das importações e o aumento da competitividade no mercado interno. Os resultados podem ser avaliados pelos dados do Balanço de Pagamentos do Brasil (Tabela 8.1).

2. O acúmulo de reservas cambiais implica o aumento das disponibilidades em divisas, o que constitui um importante fator para a estabilidade da economia nacional, reduzindo a possibilidade de crises com origem em fatores externos. Os resultados dos últimos anos foram influenciados pelo forte aumento das exportações e do ingresso de capitais externos.

questões para revisão

1. O processo de abertura da economia brasileira (redução das barreiras tarifárias e extratarifárias às importações) aumentou a competitividade, pois expôs as empresas brasileiras à concorrência internacional, exigindo uma melhoria do desempenho produtivo e organizacional dessas organizações.

2. Setores não competitivos são beneficiados com o fechamento da economia (aumento das barreiras às importações).

3. Áreas de livre-comércio propõem o livre curso de mercadorias, enquanto que mercados comuns procuram harmonizar a política comercial e permitir o livre trânsito de fatores (capital e trabalho) entre os países signatários do acordo.

4. A depreciação do Real (R$) representa um incentivo para os exportadores (mais reais por Dólar norte-americano exportado) e penaliza as importações (que ficam mais caras). Além disso, a depreciação gera pressões inflacionárias internas, pois os preços das importações aumentam.

capítulo 9

estudo de caso

Como você interpreta a possibilidade de atingir a meta de crescimento econômico considerando os dilemas tratados no artigo?

questões para reflexão

1. Trata-se de limitação física. Não há possibilidade de permanente crescimento mundial dos níveis de produção e consumo diante dos recursos disponíveis no planeta. Nesse contexto, uma questão relevante que se impõe é a melhoria dos níveis de equidade, com padrões mais razoáveis de consumo.

2. Avanços em nível mundial do IDH exigem a proteção do meio ambiente, a estabilização do crescimento demográfico mundial e a redução das diferenças entre ricos e pobres, com a eliminação da miséria.

questões para revisão

1. As conclusões são inadequadas e exigem várias outras informações adicionais, pois o processo de desenvolvimento exige ampla melhoria do padrão de vida do conjunto da

população. O IDH é um índice que estima o nível de desenvolvimento com base em indicadores relativos à renda, à longevidade e à escolaridade.

2. O crescimento sustentado do país exige um conjunto de medidas relativas à expansão da capacidade instalada: acumulação de capital; educação e pesquisa para formação de capital humano com vistas ao progresso tecnológico e à introdução de inovações; superação de fatores históricos; eficiência organizacional; instituições sólidas e uma adequada gestão macroeconômica.

3. O Plano Real procurou restabelecer a operacionalidade do sistema de mercado, enquanto todos os demais planos econômicos de estabilização aplicados depois de 1986 impuseram algum tipo de controle de preços/salários/câmbio.

4. Não. O crescimento da economia brasileira depende também do equacionamento das questões citadas no capítulo 9, item 2.

Sobre o autor

Flávio Ribas Tebchirani é mestre em Economia pela Universidade Federal de Santa Catarina – UFSC e graduado em Economia e Administração pela Universidade Estadual de Ponta Grossa – UEPG, na qual foi professor durante 29 anos. Foi funcionário do Banco do Brasil durante 30 anos, onde ocupou vários cargos, inclusive a gerência de câmbio, tendo ministrado inúmeros cursos de treinamento nas áreas de Organização e Métodos e de Câmbio. Além de exercer outras atividades no setor público e privado, é colaborador do Poder Judiciário na área de cálculos trabalhistas e perícias financeiras e leciona na Faculdade União de Ponta Grossa.

Impressão: Gráfica Exklusiva
Maio/2019